Katrin und Ralph Schäflein

Omas Küchen

Katrin und Ralph Schäflein

Omas Küchen

Traditionelle schwäbische Rezepte

Silberburg-Verlag

Inhalt

Eine Idee ...

Da wir selbst leidenschaftlich gerne kochen, dabei aber immer wieder feststellen mussten, dass uns die Rezepte unserer Kindheit nicht annähernd so vertraut sind wie die Erinnerungen daran, haben wir uns eines Tages entschlossen, einigen »echten« Omas beim Kochen über die Schulter zu schauen. Bei Efi, Erika, Gertrud, Marianne, Ruth, Elisabeth und Anna haben wir gemeinsam gekocht und gegessen, uns über ihre Rezepte unterhalten, ihre alten Kochbücher gewälzt, fotografiert und notiert. Sie haben uns ihre Tricks und Kniffe verraten und uns einen Blick in ihre Vorratsschränke gewährt, die Wahl der richtigen Äpfel erklärt, dass Rotwein in keinem sauren Essen fehlen sollte, dass Zucker den Pfiff ausmachen kann und dass Schweineschmalz oft einfach nicht zu ersetzen ist. Manches Mal haben wir uns bei den Besuchen in unsere Kindheit zurückversetzt gefühlt – damals, als uns noch der Geruch von frischgebackenem Kuchen an Omas Haustür begrüßt hat, es jeden Samstag Eintopf gab und sonntags der Braten auf dem Esstisch dampfte.

»Omas Küchen« ist ein schwäbisches Kochbuch. Gleichzeitig erzählt es aber auch von sieben Großmüttern, ihrer unterschiedlichen Herkunft in Württemberg, ihren ganz persönlichen Rezept-Ideen und natürlich ihren besonderen Küchen.

Werfen Sie, liebe Leserin, lieber Leser, mit uns einen nostalgischen Blick zurück und lassen Sie sich von den alten, traditionellen Rezepten für ihre moderne Küche inspirieren – von Maultaschen über Spätzle bis zu sauren Kutteln sind alle schwäbischen Klassiker vertreten. Falls nicht anders vermerkt, sind alle angegebenen Mengen so berechnet, dass sie für 4 Personen ausreichen.

Viel Spaß beim Nachkochen!

Katrin und Ralph Schäflein

Marianne Drössel

Neckar-Alb

»Ich war noch nie beim Bäcker Brot kaufen ...«

... sagt Marianne (Jahrgang 1926), denn sie backt jeden Freitag im Wachendorfer Backhäusle ihr eigenes Schwarzbrot. Die beiden Laibe Brot transportiert sie in den Brotkörben ihrer Großmutter mit dem Fahrrad. »Dem Teig darf ma koi Ruh' lasse – wie am a jonge Mädle«, das ist das Motto von Marianne beim Brotbacken. Der Teig wird bis zu drei Mal durchgeschlagen, damit er schön locker wird und später im Ofen richtig aufgeht. Wir haben gemeinsam Brot gebacken und Marianne auf ihrem Weg ins Backhäusle begleitet.

Die Küche in ihrem Bauernhaus heizt sie mit Holz, die Scheite hackt sie selbst. Die Witwe kann auf einen großen Stapel Holz zurückgreifen, den ihr Mann noch für den Winter vorbereitet hat – immer, wenn sie Nachschub holt, denkt sie an ihn: »Alfons, du gebsch mr no lang warm.« Außerdem versorgt sie einen wunderschönen Bauerngarten: Salat, Gemüse und Obst in eigenem Anbau. Im Sommer blühen herrlich die Blumen vor ihrem Bauernhaus, die Hühner sorgen für die frischen Eier.

Ihr eigenes Kochbuch begleitet sie schon seit ihrem 21. Lebensjahr, ihr Mann Alfons hat die Rezepte in einem kleinen Schulheft in Schönschrift für sie notiert.

Neben dem Brotbacken ist der Sauerbraten eine Spezialität von Marianne. Den gibt es immer an Weihnachten für die ganze Familie. Die fünf Kinder und zehn Enkelkinder lieben vor allem die leckere Soße.

Flädlessuppe

1 l *Fleischbrühe* (siehe Seite 67)

Für die Flädle:

200 g *Mehl*

200 ml *Milch*

3 *Eier*

Salz

Schnittlauch

Öl zum Ausbacken

1 kleiner Bund *Petersilie* (kann in den Teig, muss aber nicht;
mit *Petersilie* sind es dann Kräuterflädle)

Für die Flädle (Pfannkuchen) aus den Zutaten *Mehl, Eier* und *Milch* einen Teig zubereiten, mit dem Schneebesen oder Rührgerät kräftig rühren. Darauf achten, dass keine Klümpchen entstehen. > Falls man die Kräutervariante wählt: die *Petersilie* klein schneiden, unter den Teig geben, salzen, nochmals gut verrühren. Den Teig einige Zeit stehen lassen. Vor dem Backen den Teig nochmals mit dem Kochlöffel umrühren, damit sich die *Petersilie* gut verteilt. > Etwas *Öl* erhitzen, einen Schöpfer Teig in die heiße Pfanne geben, die Pfanne so lange schwenken, bis der Teig den ganzen Boden der Pfanne dünn ausfüllt. Auf beiden Seiten goldgelb backen. > Pfannkuchen abkühlen lassen. > *Fleischbrühe* erhitzen. Die Flädle einrollen und in Streifen schneiden (eventuell nochmals halbieren), in der Suppe kurz erwärmen, in Suppenschüsseln füllen und mit *Schnittlauch* bestreuen.

Koch - Buch
Klasse

Brot

2,5 kg *Vollkornmehl* vom Typ 1050
1 ½ Würfel *Hefe*
warmes *Wasser*
Salz
etwas *Kleie*

Ergibt zwei Brote. > Für den Brotteig die *Hefe* im lauwarmen *Wasser* auflösen und mit einem kleinen Teil des *Mehls* verrühren, diesen Vorteig etwas gehen lassen. > Anschließend den Vorteig mit dem restlichen *Mehl* und *Wasser* gut vermengen, bis ein geschmeidiger Teig entsteht. > Die Teigmasse an einen warmen Ort stellen, am besten mit einem Geschirrtuch abdecken und mindestens 2 Stunden gehen lassen. > Den Teig zwischendurch immer wieder, am besten drei Mal, mit den Händen kräftig durchschlagen. > Zwei runde Brotlaibe formen, ringsum mit etwas *Kleie* bestreuen und kurz ruhen lassen. > Bei 260 Grad ½ Stunde backen, anschließend auf 200 Grad zurückschalten und noch 1 weitere Stunde im Ofen lassen.

Roh gebratene Kartoffeln

700 g *festkochende Kartoffeln*
Schweineschmalz
2–3 *Eier*
Pfeffer
Salz

Die *Kartoffeln* schälen, waschen und in kleine Würfel schneiden, die *Eier* verquirlen, pfeffern und salzen. > Etwas *Schweineschmalz* in der Pfanne zergehen lassen, anschließend die *Kartoffeln* dazugeben, kräftig anbraten. > Sobald die *Kartoffelwürfel* weich sind, die verquirlten *Eier* darübergeben und noch einige Zeit mitbraten. Nochmals mit *Pfeffer* und *Salz* abschmecken. > Dazu schmeckt ein frischer Grüner Salat, am besten aus dem eigenen Garten.

Kartoffelgemüse

500 g *festkochende Kartoffeln*
Bauernbratwürste nach Bedarf
2 Esslöffel *Butter*
1 Bund *Petersilie*
1 klein geschnittene *Zwiebel*
1/4 l *Fleischbrühe* (siehe Seite 67)

Kartoffeln schälen, in Schnitze schneiden und abkochen. > Die *Butter* in der Pfanne erhitzen und die *Zwiebel* glasig dünsten, klein geschnittene *Petersilie* und *Kartoffeln* hinzugeben. > Mit etwas *Fleischbrühe* angießen, sodass die *Kartoffeln* mit Brühe bedeckt sind, mit *Salz* und *Pfeffer* abschmecken. Noch etwas einköcheln lassen. > *Bauernbratwürste* anbraten. Dazu passt Grüner Salat.

Saure Kernenbohnen

500 g *Dicke Bohnen* (über Nacht einweichen)
1 Scheibe *Bauchspeck* (ca. 2 cm dick)
1 *Zwiebel*

1 *Lorbeerblatt*
Mehl
Essig

etwas *Fleischbrühe* (siehe Seite 67)
Salz
Butterschmalz

Die über Nacht eingeweichten *Bohnen* in einem Topf mit Wasser so lange kochen, bis sie weich sind (je nach Bohnensorte unterschiedlich lang, Packungsbeilage beachten). Hier noch kein Salz zugeben, da die *Bohnen* sonst nicht richtig weich werden. > Die *Zwiebel* klein schneiden und in *Butterschmalz* andünsten, dann für die Mehlschwitze etwas *Mehl* hinzugeben. Anbräunen lassen. > Unter kräftigem Rühren mit etwas *Fleischbrühe* ablöschen, Bohnen zugeben, mit *Salz* und *Pfeffer* und einem *Lorbeerblatt* würzen. > Den *Bauchspeck* zu den *Bohnen* geben und noch ein wenig mitköcheln lassen. Zum Schluss mit *Essig* abschmecken. > Dazu schmecken am besten Spätzle. Der *Speck* wird aufgeschnitten und dazu gegessen, es passen auch sehr gut grobe Bratwürste.

Eingemachte Bohnen

1 kg grüne *Busch-* oder
Stangenbohnen (oder nach Bedarf)
1 Bund *Bohnenkraut*
Wasser (Menge entsprechend der Gläseranzahl)
Salz (bei 1 kg Bohnen etwa 2 Esslöffel)
(Es wird ein Einmachtopf benötigt.)

Die *Bohnen* waschen, die Stiele abschneiden und halbieren, eventuell vorhandene Fäden abziehen. > Die *Bohnen* mit etwas *Bohnenkraut* in die Einmachgläser verteilen. > *Wasser* und *Salz* vermengen und die Gläser damit auffüllen. Die Gläser verschließen und im Einmachtopf nach Angabe (meist am Thermometer abzulesen) abkochen. > An einem kühlen, dunklen Ort lagern.

Eingemachtes Apfel-Rotkraut

1 ca. 1 kg schwerer *Rotkrautkopf*
4 säuerliche *Äpfel* (mittelgroß)
1 *Zwiebel*
2–3 *Nelken*
1 *Lorbeerblatt*
Salz
Pfeffer
Butterschmalz
Wasser zum Ablöschen
(Es wird ein Einmachtopf benötigt.)

Das *Rotkraut* in dünne Streifen schneiden, die *Äpfel* schälen und achteln. Die *Zwiebel* klein schneiden und in *Butterschmalz* andünsten. > Das *Rotkraut* und die *Äpfel* zu den *Zwiebeln* geben. Die Gewürze hinzugeben und mit *Wasser* ablöschen. > In Weckgläser füllen und im Einmachtopf nach Angabe (meist am Thermometer abzulesen) abkochen. > Die Gläser an einem kühlen, dunklen Ort lagern.

Sauerbraten

1 kg *Rinderbraten* vom Schoß
(ergibt ca. 6–8 Portionen)

Für die Marinade:
1 Bund *Suppengemüse (Karotten, Lauch, Sellerie, Zwiebel, Petersilie)*
1 *Lorbeerblatt*
Pfefferkörner
Salz
2–3 *Nelken*
2–3 *Wacholderbeeren*
250 ml *Weinessig*
750 ml *Wasser*

Für die Soße:
1 *Zwiebel*
1 Becher *Saure Sahne*
1 Scheibe *Schwarzbrot* (sorgt für die Bindung der Soße)
1 Schuss *Rotwein*

Suppengemüse schälen und in kleine Stücke schneiden. *Weinessig* mit *Wasser* aufkochen lassen, das geschnittene *Suppengemüse* und die *Gewürze* hinzufügen. Die Marinade abkühlen lassen. > Das *Fleisch* in die kalte Marinade legen, sodass es rundum mit Flüssigkeit bedeckt ist. 2–3 Tage im Kühlschrank ziehen lassen und dabei immer wieder umdrehen. Wenn das *Fleisch* soweit ist, die Marinade abseihen, Sud und *Gemüse* werden noch benötigt. > *Fleisch* trockentupfen und kräftig von allen Seiten anbraten, aus dem Bräter nehmen. Die übrig gelassene *Zwiebel* und die Scheibe *Schwarzbrot* klein schneiden und im selben Bräter kräftig anbraten. > Das *Fleisch* und das *Gemüse* aus der Marinade hinzugeben und mit der Flüssigkeit und etwas *Wasser* (damit es nicht zu sauer wird) ablöschen. Zugedeckt mindestens 1 Stunde schmoren lassen. > Eine Viertelstunde vorher Deckel abnehmen und die Soße noch etwas einkochen lassen. Mit einem Sieb die Soße durchseihen. Mit *Salz* und *Pfeffer* nochmals abschmecken, *Saure Sahne* und einen Schuss *Rotwein* hinzugeben. > Dazu schmecken am besten breite Nudeln, Salzkartoffeln und ein Salat oder, als Weihnachtsessen, auch Rotkraut. Als Nachtisch passt Apfelkratzede (siehe Seite 20).

Apfelkratzede

5 mittelgroße *Äpfel* (am besten die Sorte »Jakob Fischer«, sie eignet sich sehr gut, weil die Äpfel schnell weich werden)
200 g *Mehl*
1/4 l *Milch*
4 *Eier*
Zimt und *Zucker* nach Bedarf
Butter
Butterschmalz zum Ausbacken
Salz

Apfelkratzede ist eine Art zerkleinerter Pfannkuchen mit Apfelstückchen. > *Mehl, Milch* und *Eier* mit dem Schneebesen verquirlen, bis die Masse schaumig wird, etwas *Salz* hinzugeben. > *Butterschmalz* erhitzen. Mit einem Schöpflöffel einen Teil des Teiges in die Pfanne geben, bis der Boden bedeckt ist (die Teigschicht sollte ca. 2 cm dick sein), und anbacken lassen. Wenden und mit dem Bratwender in kleine Stücke »kratzen«. Die Kratzede in eine gebutterte Auflaufform geben und warm halten. Fortfahren, bis die ganze Teigmasse aufgebraucht ist. > Die *Äpfel* schälen, in dünne Scheiben hobeln und in *Butter* anschwitzen, anschließend zu der Kratzede geben und durcheinander mischen. > Wer möchte, kann die Apfelkratzede mit *Zimt* und *Zucker* bestreuen.

Ofenschlupfer

1 kg *Äpfel*, am besten eine säuerliche Apfelsorte verwenden, z. B. »Boskop« (ergibt 6–8 Portionen)
8 *altbackene Brötchen*
eine Handvoll *Rosinen*
50 g *Zucker*

3/4 l *Milch*
5 *Eier*
Saft von 1/2 *Zitrone*
1 Teelöffel *Zimt*
1 Päckchen *Vanillezucker*
Salz

Butter zum Ausfetten der Form
eine Handvoll *Mandelplättchen*
Butterflocken zum Bestreuen

Ofenschlupfer ist ein süßer Auflauf, der aus Äpfeln und altbackenen Brötchen besteht. > *Äpfel* schälen, entkernen und in dünne Scheiben schneiden, mit dem *Zitronensaft*, der Hälfte *Zucker, Zimt, Vanillezucker* und *Rosinen* vermengen. > Die *altbackenen Brötchen* in möglichst dünne Scheiben schneiden. Eine Auflaufform mit *Butter* ausfetten. > Die Auflaufform zuerst mit einer Schicht geschnittener *Brötchen* füllen, dann eine Schicht *Apfelmasse*, dann wieder *Brötchen*. Fortfahren, bis alles aufgebraucht ist. Die oberste Schicht soll mit einer Lage *Brötchen* abgeschlossen werden, darüber zur Verfeinerung *Mandelplättchen* und *Butterflocken* streuen. > *Milch* mit *Eier* und dem Rest *Zucker* und etwas *Salz* gut verquirlen und gleichmäßig über die Auflaufmasse gießen. > Bei 180 Grad im Ofen ca. 1 Stunde goldgelb backen, dazu passt am besten eine kalte Vanillesoße (siehe Seite 132).

Grießbrei

½ l *Milch*
50 g *Grieß*
Salz
Zucker
Zimt

Die *Milch* mit einer Prise *Salz* zum Kochen bringen. > Den *Grieß* einrühren und etwa 20 Minuten leicht köcheln lassen, bis er gar ist, dabei immer wieder mit dem Kochlöffel umrühren, damit er nicht anbrennt. > In eine Schüssel füllen und mit *Zimt* und *Zucker* bestreuen. > Dazu schmecken am besten eingemachtes Obst (siehe Seite 78) oder Apfelmus (siehe Seite 61).

Träublessaft

2 kg *Rote* oder *Schwarze Johannisbeeren*
(oder auch gemischt)
500 g *Zucker*
(Es wird ein Entsafter benötigt.)

Träuble waschen, sie müssen nicht vom Stiel entfernt werden. Früchte und *Zucker* in den Entsafter geben und so lange kochen, bis die Fruchtmasse zusammengefallen ist. Das dauert mindestens 1 Stunde. > Damit die erste Abfüllung nicht zu dünn wird, zuvor den noch dünnen Saft (erkennt man an der blassen Farbe) ablassen und wieder in den Entsafter schütten. > Sobald im Röhrchen die Flüssigkeit eine kräftige Farbe bekommt, ist der Saft fertig. > Heiß in Flaschen füllen und sofort gut verschließen. An einem dunklen, kühlen Ort aufbewahren. Schmeckt im Sommer als Schorle herrlich erfrischend.

Waffeln

250 g *Mehl*
3–4 *Eier*
200 g flüssige *Butter*
1 Messerspitze *Backpulver*
1 Esslöffel *Zucker*
Salz
Butter zum Einfetten des Waffeleisens
Puderzucker
(Es wird ein Waffeleisen benötigt.)

Mehl sieben und mit *Backpulver* vermischen. Mit *Eiern, Zucker, Butter* und der Prise *Salz* zu einem glatten Teig verrühren. Es dürfen keine Klümpchen entstehen, der Teig sollte etwas dickflüssig, aber luftig sein. > Das Waffeleisen mit *Butter* ausfetten und einen Schöpflöffel Teig hineingeben, hellbraun backen. > Die Waffeln mit *Puderzucker* bestreuen. Dazu schmeckt am besten eingemachtes Obst (siehe Seite 78).

Erika Eblen

Hohenlohe/Region Stuttgart

»Die Prise Zucker ist der Pfiff ...«

... vor allem bei der dunklen Einbrenne für die Sauren Kutteln. Erika (Jahrgang 1928) ist im hohenlohischen Mittelrot bei Schwäbisch-Hall in einem bäuerlichen Haushalt mit fünf Geschwistern aufgewachsen. Im Alter von 29 Jahren geht sie der Liebe wegen nach Heimerdingen bei Stuttgart. Mit ihrem Mann Heinz zieht sie drei Söhne groß.

Das Mittagessen hat in ihrer Familie stets einen festen Wochentag-Rhythmus: Sonntag ist der »Braten-Tag«, bei dem auch stets ihr Mann Heinz in der Küche mitgeholfen hat. Montags gibt es Reste vom Sonntag, dienstags ist etwas Süßes dran und mittwochs Innereien, am Donnerstag wird meist spontan entschieden, Freitag ist Fisch an der Reihe und samstags gibt es einen deftigen Eintopf.

Erika ist unsere Spezialistin für Innereien, sie kocht gerne Herz, Leber und Nieren. Gemeinsam haben wir Kutteln mit Bratkartoffeln und Endiviensalat zubereitet. Als ihr Sohn Roland zum Essen die Tür hereinkommt, meint er: »Hier riecht's wie früher«. Sein Zwillingsbruder Thomas mag am liebsten Saure Nierle, die er sich manchmal auch selbst kocht. Er ist allerdings erst dann zufrieden, wenn sie so gut wie bei seiner Mutter schmecken!

Weihnachtssuppe
mit Eierstich und ausgebackenen Grießklößchen

Für die Fleischbrühe (6–8 Portionen):
2 *Hühnerschlegel*
250 g *Siedfleisch*
1 Bund *Suppengemüse*
(Karotten, Lauch, Sellerie, Zwiebel, Petersilie)
Salz
Pfeffer
Schnittlauch

Für den Eierstich:
4 *Eier*
200 ml *Milch*
Salz
Muskat

Für die Grießklößchen:
2 *Eier*
200 g *Grieß*
Salz
Pfeffer
Fett zum Ausbacken

Die *Hühnerschlegel* mit dem *Siedfleisch* und dem *Suppengemüse* in 2 Liter Wasser ca. 1½ Stunden köcheln lassen, die Brühe salzen und pfeffern. Durch die Knochen der Schlegel erhält die Suppe einen intensiveren Geschmack. > In der Zwischenzeit kann man die Einlagen der Suppe zubereiten: Für den Eierstich die *Milch* mit den *Eiern* verquirlen, salzen, etwas *Muskat* hinzugeben. Die Flüssigkeit in eine Tasse geben und im Wasserbad ziehen lassen. Das Wasser darf auf keinen Fall kochen, da der Eierstich sonst unschöne, kleine Löcher bekommt. > Für die Grießklößchen die *Eier* mit dem *Grieß* verquirlen, salzen und pfeffern. Die Masse kurze Zeit ruhen lassen, damit der *Grieß* quellen kann. Dann in einen Spritzbeutel mit Sternform füllen und in schwimmendem *Fett* ausbacken (wer keinen Spritzbeutel hat, kann mit zwei Teelöffeln kleine Klößchen formen). > Das *Siedfleisch* klein schneiden, zur Suppe geben, die Brühe mit dem Eierstich und den Grießklößchen anrichten. Mit *Schnittlauch* bestreuen. Die Suppe gibt es bei Familie Eblen nur am Heiligen Abend; sie heißt deshalb Weihnachtssuppe.

Salzkuchen

Für den Hefeteig:

500 g *Roggen-* oder *Weizenmehl*

1 Würfel *Hefe*

250 g *Margarine*

250 ml *Wasser*

Zucker, Salz

Für den Belag:

2 *Zwiebeln*

1 *Ei*

Sauerrahm

Griebenschmalz

Salz

Die *Margarine* mit dem *Wasser* in einem Topf schwach erhitzen. Die Temperatur muss so sein, dass man mit der Hand die *Hefe* »einbröckeln« kann. Danach in einer Teigschüssel *Mehl, Salz, Zucker* und die Flüssigkeit zugeben und zu einem glatten Teig verarbeiten. > Den Teig an einem warmen Ort ca. 1 Stunde gehen lassen, bis er sein Volumen ungefähr verdoppelt hat. Den Teig nochmals kräftig mit der Hand durchkneten und rechteckig ausrollen. Auf das Backblech geben und nochmals kurz gehen lassen (ca. 10 Minuten). > *Zwiebeln* klein schneiden und in *Griebenschmalz* andünsten, den *Sauerrahm* mit einem *Ei* verquirlen, kräftig salzen und auf den Teig geben, die *Zwiebeln* darüberstreuen. > Dazu schmeckt am besten ein frisches Glas Most.

Knöpfle
Hohenloher Art

Für den Teig:

500 g *Mehl*

5 *Eier*

1/4 l *Wasser*

Salz

1 *altbackenes Brötchen*

1 Stück *Rauchfleisch* oder *geräucherte Schinkenwurst*

Für die Schmelze:

2 große *Zwiebeln*

Butter

Erika bezeichnet als »Knöpfle« eine Art Spätzle, die mit klein gewürfelten Brötchen und Wurst gemacht werden. > Für den Teig die *Eier*, das *Wasser* und das *Mehl* kräftig verrühren und schlagen, bis Blasen entstehen, den Teig salzen. > Das *Brötchen* und die *Wurst* oder das *Rauchfleisch* in kleine (ca. 1-2 cm große) Würfel schneiden und zum Teig geben. Die Teigmasse esslöffelweise in kochendes Salzwasser geben und sieden lassen, bis die Knöpfle oben schwimmen. Mit der Schaumkelle herausnehmen. So fortfahren, bis der ganze Teig aufgebraucht ist. > Die *Zwiebeln* in dünne Scheiben schneiden und in *Butter* andünsten, die Knöpfle kurz in *Butter* schwenken und mit den *Zwiebeln* abschmelzen. > Dazu schmeckt am besten ein Grüner Salat oder Sauerkraut.

Saure Kutteln

800 g *Kutteln* vom Metzger
(es gibt sie fast nur noch küchenfertig vorbereitet, sodass sie bereits gewässert und geschnitten sind)

Für die dunkle Einbrenne:

2 Esslöffel *Mehl*

1 *Zwiebel*

Lorbeerblatt

Essig

1/4 l *Fleischbrühe* zum Ablöschen

1 kräftiger Schuss *Weißwein* (am besten Riesling)

3 Esslöffel *Butterschmalz*

Zucker

Pfeffer

Salz

Butter in einem Topf erhitzen und das *Mehl* für die Einbrenne hinzugeben und unter ständigem Rühren braun werden lassen. Die *Zwiebel* klein schneiden, zur Mehlschwitze geben. Nun die Prise *Zucker* hinzufügen (der Pfiff!) und karamellisieren lassen. > Dann die *Kutteln* zugeben, verrühren und mit der Fleischbrühe ablöschen. Das *Lorbeerblatt* hinzufügen und alles köcheln lassen. Die *Kutteln* jedoch nicht zu weich werden lassen, sie schmecken besser, wenn Sie noch ein wenig Biss haben. > Mit *Essig* und *Weißwein*, *Salz* und *Pfeffer* abschmecken. > Dazu schmecken am besten Bratkartoffeln und ein Grüner Salat, im Herbst Endiviensalat.

Saure Nierle

800 g *Nierle* vom Schwein
2 *Zwiebeln*
Fleischbrühe (siehe Seite 67)
Saure Sahne
Butterschmalz zum Anbraten
Weinessig
Zucker
Pfeffer
Salz
evtl. *Mehl*

Die *Nierle* vor dem Zubereiten 1 Stunde wässern, anschließend mit einem Messer von der sie umgebenden Haut und den Sehnen befreien, in Scheiben oder kleine Stücke schneiden (ca. 1 cm dick). Die *Zwiebeln* klein schneiden und im *Butterschmalz* anschwitzen, eine Prise *Zucker* hinzugeben, leicht karamellisieren lassen. > *Nierle* hinzugeben und so lange anbraten, bis sie nicht mehr blutig sind. Aufgepasst: Nicht zu lange anbraten, damit sie nicht hart werden! Aus der Pfanne nehmen und warm stellen. Unbedingt erst nach dem Braten salzen, sonst werden die *Nierle* trocken und hart. > Den Bratensatz mit etwas *Fleischbrühe* ablöschen und mit *Essig*, *Salz*, *Pfeffer* und *Saurer Sahne* abschmecken. Sollte die Soße zu dünn sein, mit etwas *Mehl* andicken. Die *Nierle* zugeben und nochmals kurz erhitzen. > Dazu schmecken am besten Bratkartoffeln und ein Grüner Salat.

Leberknödel

400 g gehackte *Leber*
2–3 *Eier*
2–3 altbackene *Brötchen*
1 *Zwiebel*
½ Bund *Petersilie*
1 Esslöffel *Salz*
Pfeffer
Majoran
evtl. *Weckmehl*

Die *altbackenen Brötchen* halbieren und in Wasser einweichen, die *Zwiebel* klein schneiden und mit ebenfalls klein geschnittener *Petersilie* in *Butter* anschwitzen. > Die *Brötchen* gut ausdrücken und zur gehackten *Leber* geben, mit den *Eiern*, *Salz*, *Pfeffer*, *Majoran* und den angeschwitzten *Zwiebeln* und der *Petersilie* vermengen. > Sollte die Masse noch etwas zu weich sein, kann man etwas *Weckmehl* hinzufügen. Aus der Masse mit dem Löffel Klöße abstechen, diese in kochendes Salzwasser geben und ca. 12–15 Minuten ziehen lassen. Das Wasser darf dann nicht mehr kochen – sonst zerfallen die Knödel! > Dazu schmecken am besten Sauerkraut und Kartoffelbrei oder ein Kartoffelsalat. Wer mag, kann die Klöße noch in der Pfanne etwas anbraten und mit gebräunten Zwiebeln servieren.

Saure Leber
mit Apfelschnitzen

ca. 700 g küchenfertige *Rinder- oder Kalbsleber* vom Metzger
Milch zum Einlegen
2 mittelgroße *Zwiebeln*
2 kleinere säuerliche *Äpfel* (z. B. »Boskop«)
Butterschmalz zum Anbraten
Mehl
Essig
Zucker
Pfeffer
Salz
etwas *Fleischbrühe* (siehe Seite 67)
evtl. ein Schuss *Rotwein*
Wasser

Vor der Zubereitung die *Leber* einige Stunden in *Milch* einlegen, dadurch reduziert sich der starke Lebergeschmack. > Die *Leber* abwaschen und trockentupfen, in fingerdicke Stücke schneiden und in *Mehl* wenden. In *Butterschmalz* kurz anbraten, nicht zu lange, da das Fleisch sonst zu trocken wird. Erst nach dem Braten salzen, sonst wird es zäh. > Die *Leber* aus der Pfanne nehmen und warm stellen. Die *Zwiebel* in dünne Ringe schneiden und in derselben Pfanne (wichtig wegen des Fleischsaftes!) anschwitzen, bis sie etwas Farbe haben. Die *Äpfel* kurz mitbraten, eine Prise *Zucker* darüberstreuen und mit etwas *Wasser* ablöschen, einköcheln lassen. > Die *Leber* wieder hinzugeben und jetzt erst salzen und pfeffern. Nach Bedarf mit etwas *Fleischbrühe*, einem Schuss *Essig* und eventuell auch einem Schuss *Rotwein* abschmecken. > Dazu passen am besten Reis oder Kartoffelpüree und Grüner Salat.

Rinderherz

1 *Rinderherz* vom Metzger

Sud für das Abkochen des Rinderherzens:
Salz
Lorbeerblatt
Nelke
Wacholderbeeren
Pfefferkörner
1 l *Wasser*

Für die Soße:
Kochsud (siehe oben)
1 *Zwiebel*
Mehl und *Butter* für die Einbrenne
Rotwein
Essig
Zucker
Pfefferkörner
Salz

Das *Herz* abwaschen, trockentupfen und von Sehnen und Fett befreien. > Die Zutaten für den Sud, *Salz, Lorbeerblatt, Nelke, Wacholderbeeren* und *Pfefferkörner*, in ca. 1 Liter gesalzenem *Wasser* aufkochen, das *Herz* hinzugeben und ca. 1/2 Stunde ziehen lassen, bis das *Fleisch* schön weich wird. Anschließend in Würfel schneiden. > Für die Soße die klein geschnittene *Zwiebel* in *Butter* anbräunen und mit der Prise *Zucker* leicht karamellisieren. *Mehl* hinzugeben und ebenfalls leicht braun werden lassen. Mit etwas Sud ablöschen und mit dem Schneebesen kräftig rühren, damit sich keine Klümpchen bilden (am besten gelingt das, wenn der Sud noch warm ist). > Die Soße mit etwas *Essig, Salz* und *Pfeffer* abschmecken, gut durchkochen lassen (damit sich der Mehlgeschmack etwas verliert). Anschließend die gewürfelten *Herzstücke* hinzugeben und mit *Rotwein* verfeinern. > Dazu schmecken am besten Bratkartoffeln oder Spätzle und Salat.

K.H. VOGT, SUDERBURG

Eierhaber
(Stierum)

350 g *Mehl*
350 ml *Milch*
5 *Eier*
1/2 Teelöffel *Salz*
Sonnenblumenöl zum Ausbacken
Für die süße Variante: *Zucker*
Mineralwasser
Puderzucker

Im Hohenlohischen wird das zerhackte Omelett auch »Stierum« genannt. Eierhaber ist verwandt mit der Apfelkratzede (siehe Seite 20), wobei es natürlich regionale Unterschiede gibt. Wir stellen hier Erikas Variante ohne Äpfel vor, die auch salzig gegessen werden kann. > Das gesiebte *Mehl*, *Milch*, *Eier* und *Salz* mit dem Schneebesen gut verrühren, einen Schuss *Mineralwasser* hinzugeben, bis ein zähflüssiger Teig entsteht. > Die Hälfte des Teiges in die mit *Sonnenblumenöl* erhitzte Pfanne geben, bei mäßiger Hitze stocken und leicht anbräunen lassen. Die gestockte Teigmasse im Ganzen wenden und ebenfalls anbraten. Mit dem Bratwender die Masse in grobe Stücke zerteilen (ca. walnussgroß), warm stellen und mit der restlichen Masse ebenso verfahren. > Hierzu schmeckt am besten ein Grüner Salat, aber auch Kartoffel- oder Gurkensalat. > Für eine süße Variante den Teig zuckern und mit *Puderzucker* bestreut und mit Apfelmus (siehe Seite 61) oder eingemachtem Obst (siehe Seite 78) servieren.

Quittengelee

4 kg *Quitten*
Wasser
Gelierzucker (Menge entsprechend der Saftmenge im Verhältnis 1 : 1)
etwas *Zitronensaft*
nach Geschmack ein Schuss *Obstwasser*
(Es werden Marmeladengläser mit Schraubdeckel benötigt.)

Am besten einen Schnellkochtopf verwenden, da dieser einen Siebeinsatz hat. > *Quitten* abbürsten und waschen, mit einem scharfen Messer in kleine Stücke schneiden. > Etwas *Wasser* in den Schnellkochtopf geben, den Siebeinsatz mit den *Quittenstücken* einsetzen, ca. 20 Minuten kochen lassen. Achtung: Die *Quitten* dürfen nicht zu weich werden! > Die heiße, nun herrlich duftende Fruchtmasse in ein Tuch geben (es muss ein dünn gewebtes Tuch sein, es gibt auch spezielle Entsaftungstücher zu kaufen) und über Nacht abtropfen lassen (Trick: Hocker umdrehen und das Tuch an den vier Beinen festbinden). > Entstandener Quittensaft im Verhältnis 1 : 1 mit *Gelierzucker* aufkochen. > Heiß in die Gläser füllen, zuschrauben und sofort die Gläser auf den Kopf stellen (so bildet sich ein Unterdruck, der das Gelee haltbarer macht). > Quittengelee schmeckt am besten mit Butter und Quark auf frischem Hefezopf (siehe Seite 136) oder Butterkuchen (siehe Seite 134).

Gertrud Haberer

Schwäbische Alb/Schwarzwald

»Gute Äpfel müssen es schon sein ...«

... und zwar für die Apfelküchle und das Apfelmus. Fest müssen sie sein und auf keinen Fall mehlig, am besten nimmt man Äpfel der Sorten »Jonagold« oder »Elstar«. Die Besonderheit bei Gertruds Apfelmus: Der Apfel wird mit Schale gekocht, nur das Kerngehäuse wird entfernt. Dadurch bekommt das Apfelmus eine schöne rötliche Farbe und schmeckt kräftiger.

Gertrud (Jahrgang 1938) wächst am Rande der Schwäbischen Alb in der Region um den Hohenstaufen auf. 1963 zieht sie mit ihrem Mann nach Schiltach im Schwarzwald. Ihre alb-schwäbischen Wurzeln hat sie beim Kochen aber nie verloren. Gertrud bereitet den Teig für die Spätzle übrigens mit der Küchenmaschine zu, das erspart bei einer siebenköpfigen Familie das zeitintensive Schlagen mit dem Kochlöffel. In ihrer Küche finden sich einige Küchengeräte, die Gertrud schon ihr Leben lang begleiten, so zum Beispiel eine »Flotte Lotte«, mit der man für das Mus die Äpfel mit Schale verarbeiten kann.

Mit Gertrud haben wir den klassischen Sonntagsbraten zubereitet. Ihr Schweinebraten, Schweinehals vom guten Metzger im Ort, ist wunderbar saftig und bei allen Kindern stets beliebt. Aber auch die Rindsrouladen mit gekochtem Ei in der Füllung gehören zu Gertruds Klassikern.

Gemüsesuppe

1 l *Fleischbrühe* (siehe Seite 67)
von der Fleischbrühe das klein geschnittene Siedfleisch
Gemüse der Saison, zum Beispiel:
2 kleine *Karotten*
1 *Zwiebel*
1 *Lauch*
1 kleines Stück *Knollensellerie*
1 kleines Stück *Wirsing*
2 *Kartoffeln*
½ Bund *Petersilie*
Schnittlauch
Öl zum Anbraten

Gemüse waschen und gegebenenfalls schälen, *Karotten* und *Lauch* halbieren und in kleine Stücke schneiden. Die *Kartoffeln*, die *Zwiebel* und den *Knollensellerie* würfeln, den *Wirsing* in schmale Streifen schneiden, die *Petersilie* kleinhacken. > *Öl* in einem Topf erhitzen, das *Gemüse* kurz anschwitzen, mit der *Fleischbrühe* ablöschen. Das klein geschnittene *Siedfleisch* hinzugeben, mit *Schnittlauch* bestreuen und heiß servieren.

Spätzle

500 g *Mehl*, am besten vom Typ 550
4 *Eier*
etwas *Mineralwasser*
Salz
(Es wird eine Spätzlespresse benötigt.)

Das *Mehl* sieben, mit den *Eiern* verrühren und je nach Konsistenz des Teiges etwas *Mineralwasser* zugeben (macht die Spätzle lockerer) und salzen. > Den Teig kräftig schlagen, bis er Blasen schlägt, oder mit dem Knethaken der Küchenmaschine durchrühren lassen (spart Zeit!). > Den Teig durch die Spätzlespresse ins gesalzene, kochende Wasser drücken oder auf einem angefeuchteten Brett ins kochende Wasser schaben. > Sobald die Spätzle oben schwimmen, mit der Schaumkelle abseihen und kurz in kaltem Wasser abschrecken.

Gertrud Haberer > **Seite 49**

Kartoffelsalat

750 g *festkochende Salat-Kartoffeln*
je nach Geschmack ½ *Salatgurke*
1 *Zwiebel*
ca. ¼ l *Fleischbrühe* (siehe Seite 67)
1 Teelöffel *Senf*
Essig
Öl
Salz
Pfeffer

Die *Kartoffeln* mit der Schale kochen und etwas abkühlen lassen, nach dem Schälen in dünne Scheiben schneiden. > Die *Zwiebel* in kleine Würfel schneiden, zur *Fleischbrühe* geben und diese erwärmen. > Die noch warme *Fleischbrühe* mit den *Zwiebelwürfelchen* über die *Kartoffeln* geben, mit *Salz, Pfeffer, Öl, Essig* und einem Teelöffel *Senf* mischen, bis die Flüssigkeit komplett aufgesogen ist und es schön »schmatzt«, dann abschmecken. > Wer möchte, kann noch in Scheiben gerädelte *Salatgurke* dazugeben.

Fleischküchle

600 g gemischtes *Hackfleisch*
1 *altbackenes Brötchen*
1 *Zwiebel*
1 Bund *Petersilie*
1 *Ei*

Salz
Pfeffer
Öl zum Anbraten
Butter zum Andämpfen der Zwiebel

Die *Zwiebel* in kleine Würfel schneiden, die *Petersilie* kleinhacken. Beides in etwas *Butter* dämpfen, die *Zwiebeln* dürfen dabei aber nicht braun werden. > Die Hackfleischmasse salzen und pfeffern, das *Brötchen* in Wasser einweichen und quellen lassen. > Das *Brötchen* ausdrücken und gemeinsam mit dem *Ei*, den gedämpften *Zwiebeln* und der *Petersilie* zu dem *Fleisch* geben. > Nun, am besten mit den Händen, kräftig durchkneten, bis sich alles gut vermischt hat. Aus der Masse kleine, flache Küchle formen und in etwas *Öl* kräftig anbraten. > Dazu schmecken am besten Kartoffelbrei und Rotkraut.

Blutwurst mit Zwiebeln

1 Ring *Blutwurst* vom Metzger
3 mittelgroße *Zwiebeln*
Fett zum Anbraten
Senf zum Servieren

Die *Blutwurst* und die *Zwiebeln* in Scheiben schneiden. Die *Zwiebeln* im *Bratfett* glasig bis braun dämpfen. > Die *Blutwurst* hinzugeben und kräftig anbraten, mit *Senf* servieren. > Dazu schmecken am besten Bratkartoffeln und ein Grüner Salat.

Rindsrouladen

4 *Rindsrouladen* vom Metzger
Öl zum Anbraten
(Es werden Zahnstocher oder Küchengarn benötigt.)

Für die Füllung:
4 dünne Scheiben geräucherter *Speck*
2 gekochte *Eier*
1 *Zwiebel*
Petersilie
Senf
Salz, Pfeffer
Butter zum Dämpfen

Für die Soße:
klein geschnittenes *Suppengemüse (Karotten, Lauch, Sellerie, Zwiebel, Petersilie)*
Tomatenmark
Mehl oder *Kartoffelpüreepulver* zum Andicken
Rotwein
Wasser

Die klein geschnittene *Zwiebel* mit der gehackten *Petersilie* in *Butter* dämpfen. > Die *Rindsrouladen* auf der zu füllenden Seite mit *Senf* einstreichen und etwas pfeffern. Die Scheibe *Speck* darauflegen und etwas von der *Zwiebel-Petersilien-Masse* auf dem *Speck* verteilen. Ein halbes gekochtes *Ei* einrollen, die *Roulade* mit einem Zahnstocher oder Küchengarn verschließen. > So fortfahren, bis alle vier *Rouladen* gefüllt sind, diese dann in heißem *Öl* rundherum kräftig anbraten. > Die *Rouladen* aus dem Bräter nehmen, das klein geschnittene *Suppengemüse* und etwas *Tomatenmark* hinzugeben und ebenfalls kräftig anbraten. > Mit *Wasser* ablöschen und mit *Rotwein* abschmecken. Die *Rouladen* wieder hinzugeben und ungefähr 1 Stunde schmoren lassen, bis das Fleisch schön weich ist. > Für die Soße das *Suppengemüse* durchsieben und eventuell mit etwas *Mehl* oder *Kartoffelpüreepulver* andicken, mit *Salz* und *Pfeffer* abschmecken. > Dazu passen am besten breite Nudeln, Kartoffelpüree oder Salzkartoffeln und Salat.

Schweinebraten

750 g *Schweinehals*
1–2 *Karotten*
1 kleines Stück *Lauch*
2 *Zwiebeln*
1/4 l *Fleischbrühe* (siehe Seite 67)
Tomatenmark
Lorbeerblatt
Pfeffer
Salz
Senf
1 Messerspitze *Ingwerpulver*
Bratfett
Mehl oder *Kartoffelpüreepulver* zum Andicken der Soße

Das *Fleisch* abwaschen, trockentupfen, das grobe *Fett* mit dem Messer sorgfältig entfernen. Das Stück *Fleisch* an verschiedenen Stellen mit einem Messer leicht einschneiden. Pfeffern und salzen und von allen Seiten mit *Senf* einreiben. > Die *Karotten*, den *Lauch* und die *Zwiebeln* in Würfel schneiden. > Das *Fett* erhitzen und das *Fleisch* von allen Seiten (wichtig: auch beide Enden) kräftig anbraten. *Fleisch* herausnehmen und das *Gemüse* mit etwas *Tomatenmark* ebenfalls kräftig anbraten, mit der *Fleischbrühe* ablöschen.

> Das *Fleisch* wieder in den Bräter geben und bei geschlossenem Deckel mindestens 2–2¼ Stunden schwach köcheln lassen. Nach 1 Stunde das *Lorbeerblatt* zugeben. > Das *Fleisch* aus dem Bräter nehmen. Falls nötig, die Soße mit *Kartoffelpüreepulver* oder einer *Mehlschwitze* andicken und nochmals aufkochen. Zum Anrichten die Soße durch ein Sieb passieren, mit *Ingwerpulver* abschmecken.
> Am besten passen dazu Spätzle oder Kartoffelsalat, am allerbesten allerdings beides!

Ochsenmaul-salat

400 g bereits gekochtes, vom Metzger dünn geschnittenes *Ochsenmaul*
3 mittelgroße *Zwiebeln*
Essig
Öl
Salz
Pfeffer

Essig, Öl, Salz und *Pfeffer* mit der Gabel zu einer Marinade verrühren. > Die *Zwiebeln* in dünne, feine Scheiben schneiden und zu den geschnittenen *Ochsenmaul-Streifen* geben. Die Marinade darübergießen und im Kühlschrank etwas durchziehen lassen. > Der Ochsenmaulsalat schmeckt am besten mit Brot zum Vesper oder zu Bratkartoffeln.

Wurstsalat

200 g *Lyoner*
150 g *Schwarzwurst*
150 g *Emmentaler*
1 *Zwiebel*
kleiner Bund *Schnittlauch*
Essig
Öl
Senf
Salz
Pfeffer

Wurst und *Käse* in schmale Streifen, die *Zwiebel* in dünne Ringe schneiden. > *Essig, Öl, Senf, Salz* und *Pfeffer* verrühren und mit der *Wurst*, dem *Käse* und den *Zwiebelringen* vermengen. > Im Kühlschrank durchziehen lassen, vor dem Servieren mit *Schnittlauch* bestreuen. > Schmeckt am besten zum Vesper mit einem Butterbrot.

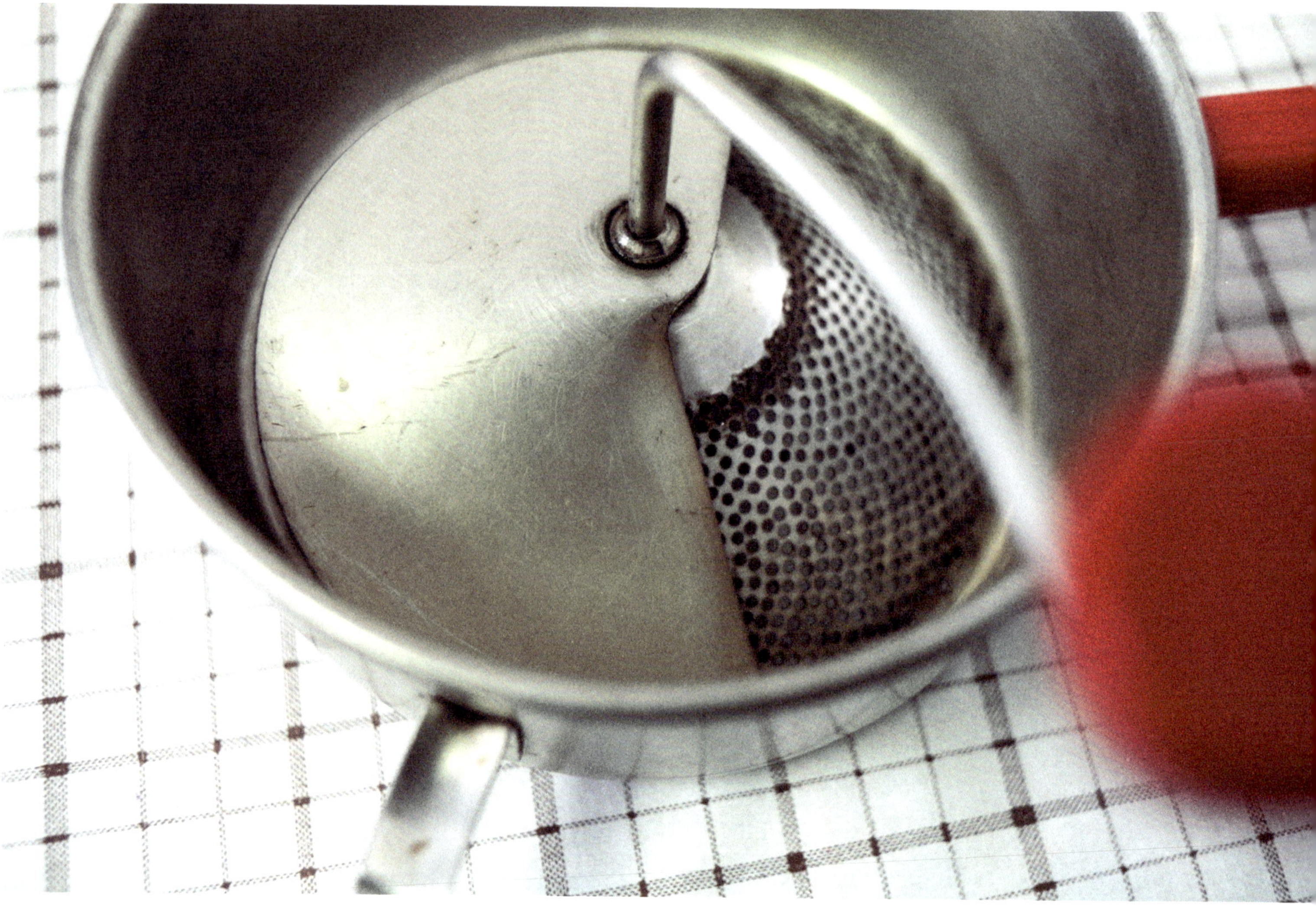

Apfelmus

1 kg säuerliche *Äpfel* (am besten eignet sich die Sorte »Elstar«, man kann auch mit »Jonagold« mischen)
1 *Zimtstange*
Zucker
Zitronensaft
Wasser
(Eine »Flotte Lotte« oder ein feines Sieb zum Passieren der Äpfel wird benötigt.)

Die *Äpfel* gründlich waschen und anschließend vom Kerngehäuse befreien (nicht schälen) und in kleine Stücke schneiden. Durch die Schale erhält das Mus später eine schöne rötliche Färbung. > Die klein geschnittenen *Äpfel* in einen Kochtopf geben, *Zitronensaft* und die *Zimtstange* hinzugeben und mit ganz wenig *Wasser* weich kochen. > Das weichgekochte Mus durch die »Flotte Lotte« treiben und mit *Zucker* abschmecken. > Apfelmus schmeckt zu vielen Süßspeisen, zum Beispiel zu Grießbrei (siehe Seite 23) und zu Grießschnitten (siehe Seite 134), aber auch als Dessert mit Zimt und Zucker bestreut.

Apfelküchle

6 große, säuerliche *Äpfel*
250 g *Mehl*
4 *Eier* (davon 1 *Eigelb*)
1 Päckchen *Vanillezucker*
1/4 l *Milch*
1 Schuss *Mineralwasser*
Salz
reichlich *Butterschmalz* zum Ausbacken
Zucker
Zimt

Die *Äpfel* schälen, mit dem Apfelentkerner das Kerngehäuse entfernen und in 2 cm dicke Scheiben schneiden. > Für den Teig das *Mehl* sieben. *Mehl, Eier, Eigelb, Vanillezucker, Milch* und etwas *Salz* mit dem Schneebesen verquirlen, einen Schuss *Mineralwasser* hinzugeben (damit der Teig etwas luftiger wird; der Teig darf allerdings nicht zu dünn werden!). > Die *Apfelscheiben* in die Teigmasse geben und darauf achten, dass sie rundherum mit dem Teig bedeckt sind. > Das *Butterschmalz* in einem Topf erhitzen und die Küchle langsam ausbacken (damit die *Apfelscheiben* schön weich werden) auf beiden Seiten goldgelb braten. > Die warmen Apfelküchle in *Zimt* und *Zucker* wenden. Dazu schmeckt am besten eine Vanillesoße (siehe Seite 132).

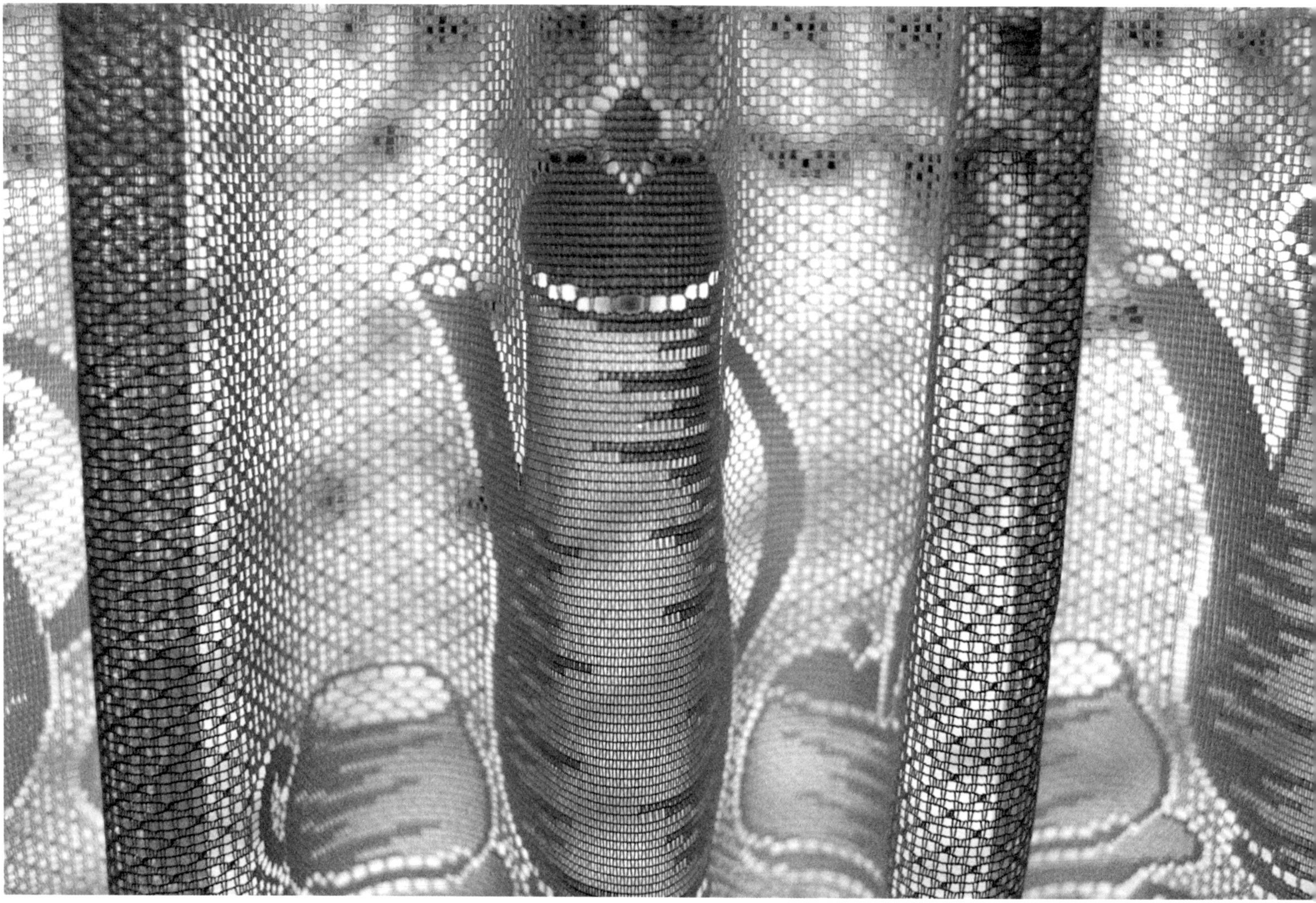

Elisabeth Lederer

Ostalb/Stuttgart

»Ohne Schweineschmalz schmeckt's einfach nicht ...«

... das gilt vor allem für ihren »Zelten«, einen salzigen Blechkuchen. Da muss oben drauf eine ordentliche Portion Schweineschmalz – das, wie sie sagt, einfach einen anderen Geschmack abgibt als Butter oder Öl.

Elisabeth (Jahrgang 1914) wächst mit neun Geschwistern auf der Ostalb in Großkuchen auf. Sie kommt als Haushälterin nach Stuttgart und heiratet im Jahr 1940 ihren Mann Wilhelm. Elisabeth und Wilhelm, die fünf Kinder haben, feiern im Jahr 2000 ihre Diamantene Hochzeit.

Der Duft von frisch gebackenem Weißbrot und Kuchen weht jeden Samstag durch ihr Haus, sogar den Nachbarn ist schon aufgefallen, wie gut es samstags immer riecht. Aufgeschrieben hat sie ihre Rezepte nie. In Elisabeths Küche steht nur das »Bosch Küchengeräte-Kochbuch«, doch das sieht aus wie neu. Sie hat sämtliche Rezepte und Zutaten im Kopf.

Mit Elisabeth haben wir Fleischbrühe, Dampfnudeln und Zelten zubereitet. An Familienfesten, bei denen sie stets alles selbst gekocht hat, sind besonders beliebt: die Maultaschen, der deftige Kräuterkäse und der Träubleskuchen mit Früchten aus dem eigenen Garten. Die »echte« Fleischbrühe ist Basis und Zutat vieler

schwäbischer Rezepte. Sie dient als Grundlage für die Gemüse- und Flädlessuppe (siehe Seite 46, 10), wird für die Soßen von Innereien verwendet (siehe Seite 36, 38, 39) und kommt sogar in den Kartoffelsalat (siehe Seite 50).

Fleischbrühe

250 g *Rindfleisch*
2–3 *Rinderknochen*
1l *Wasser*
2 *Karotten*
1 Stück *Knollensellerie*
1 Stück *Lauch*
1 *Tomate*
1 *Zwiebel*
1 Bund *Petersilie*
Salz, Pfeffer

Die Brühe wird »kalt angesetzt«, das heißt, kaltes Wasser in den Topf geben, *Fleisch* und *Knochen* zufügen, aufkochen lassen. > Damit die Fleischbrühe nicht trüb wird, sollte man die nur ganz kurz aufgekochte Brühe weggießen, Topf und *Fleisch* mit kaltem Wasser abspülen und mit Küchenkrepp abtrocknen. > Nun mit etwa 1 Liter frischem *Wasser* und *Suppengemüse* das *Fleisch* und die *Knochen* nochmals aufkochen, pfeffern und salzen und ca. 1 Stunde köcheln lassen. > Dann die Brühe abseihen und nach Bedarf noch mit etwas *Salz* und *Pfeffer* abschmecken.

Mutschelmehlklößchen

1 l *Fleischbrühe* (siehe linke Spalte)

Für die Klößchen:
1 *Ei*
100 g *Mutschelmehl* (Semmelbrösel)
Muskat
Salz
Pfeffer
klein geschnittener *Schnittlauch*

Mit einer Gabel das *Ei* und das *Mutschelmehl* »verkleppern«, mit *Salz, Pfeffer* und *Muskat* würzen, kurz stehen lassen, damit das *Mutschelmehl* etwas quellen kann. > Mit zwei Teelöffeln Klößchen formen und in die kochende *Fleischbrühe* geben. > Ziehen lassen, bis die Klößchen aufsteigen, danach benötigen sie noch ca. 5 Minuten, bis sie gar sind. > Suppe mit den Klößchen in Suppenteller füllen und mit *Schnittlauch* bestreuen.

Kartoffelsuppe

4–5 mittelgroße, *mehligkochende Kartoffeln*
(ergibt ca. 6 Portionen)
1 *Zwiebel*
1 Esslöffel *Butterschmalz*
1 Esslöffel *Mehl*
1 kleine *Lauchstange*
1 *Karotte*
2 Esslöffel gehackte *Petersilie*
1½ l *Fleischbrühe* (siehe Seite 67)
2 Esslöffel *Sauerrahm*
Muskat
Pfeffer
Salz
nach Bedarf 1 *Ei* (davon *Eigelb*)

Kartoffel schälen, vierteln und in *Salzwasser* weich kochen. *Butterschmalz* in einem Topf zergehen lassen, die klein geschnittene *Zwiebel*, die *Karotte* und den in dünne Ringe geschnittenen *Lauch* kurz andünsten. > Das *Mehl* über das *Gemüse* geben und kurz anschwitzen (darf nicht braun werden!), mit der *Fleischbrühe* ablöschen. > *Kartoffeln* durch die Kartoffelpresse drücken und zu der Brühe geben, alles pürieren (am besten mit Pürierstab) und mit *Muskat*, *Pfeffer* und *Salz* abschmecken. > Zum Schluss *Sauerrahm* und die *Petersilie* dazugeben. > Wer will, kann noch ein *Eigelb* unterrühren, dann darf die Suppe aber nicht mehr aufkochen. Passt prima zu frischem Zelten (siehe rechte Seite).

Zelten

Für den Hefeteig:
250 g *Mehl*
1 Tasse lauwarme *Milch*
1 *Ei*
1 Esslöffel zerlassene *Margarine*
1/2 Würfel *Hefe*
Salz
Zucker
Sauerrahm

Für die salzige Belag-Variante:
2 Esslöffel *Schweineschmalz*
4 Esslöffel klein geschnittene *Zwiebeln*
Salz

Für die süße Belag-Variante:
Zimt und *Zucker*

Der Ausdruck »Zelten« stammt von der schwäbischen Ostalb und bezeichnet einen flachen Hefekuchen. Es handelt sich hier um eine Variante, die bei Efi Reichert »Dinnete« und bei Erika Eblen »Salzkuchen« heißt. Sie unterscheiden sich in Form, Belag und Teigzubereitung. > Zuerst wird ein Vorteig erstellt, dazu müssen alle Zutaten »handwarm« sein. Hierfür das *Mehl* in eine Schüssel sieben, den halben Würfel *Hefe* auf das *Mehl* »bröckeln« und 3/4 der lauwarmen *Milch* zugeben. Das *Salz* auf dem *Mehl* »lagern« und etwas *Zucker* zur Milch-Hefe-Mehl-Masse geben und mit dem Kochlöffel leicht anrühren, diesen Vorteig ca. 1/2 Stunde stehen lassen. > *Ei, Sauerrahm, Salz,* restliche *Milch* und zerlassene *Margarine* dazugeben und mit der Küchenmaschine durchkneten lassen, bis der Teig sich gut vom Knethaken löst. Dann von Hand mit etwas *Mehl* nochmals kräftig durchkneten, anschließend zu einer Kugel formen, in eine Teigschüssel geben und den Teig an einem warmen Ort ca. 1/2 Stunde gehen lassen. > Ein viereckiges Backblech mit Backpapier auslegen und den Teig ca. 1 cm dick auswellen, zerlassenes *Schweineschmalz* und klein geschnittene *Zwiebeln* darauf verteilen, salzen. Für die süße Variante stattdessen *Zimt* und *Zucker* darüberstreuen. > Nochmals kurz gehen lassen, mit der Gabel den Zelten überall gleichmäßig einstechen und im vorgeheizten Ofen bei mittlerer Hitze ca. 15–20 Minuten backen. > Frischer Zelten schmeckt ausgezeichnet zu Kartoffelsuppe (siehe linke Seite).

Maultaschen

Für den Teig:

600 g *Weizenmehl* (ergibt 60 Stück, was 12 Portionen entspricht; lässt sich gut einfrieren)

5 *Eier* (davon ein *Eiweiß* zum Bestreichen der Teigränder)

Salz

halbe Eierschale voll *Wasser*

3 Esslöffel *Öl*

Für die Füllung:

1½ kg gemischtes *Hackfleisch*

500 g *Bratwurstbrät*

400 g frischer *Spinat*

5 *Eier*

5 mittelgroße *Zwiebeln*

4 Bund *Petersilie*

5 *altbackene Brötchen*

4 mittelgroße *Lauchstangen*

Salz

Pfeffer

Majoran

Muskat

Öl

(Es wird ein Fleischwolf benötigt.)

Für den Nudelteig das *Mehl* auf ein Holzbrett geben, in der Mitte eine Mulde eindrücken. *Salz* und *Eier*, *Wasser* und *Öl* hinzugeben und von außen nach innen mit den Händen verarbeiten. > Etwa 5-10 Minuten kneten, bis der Teig fest und glatt ist (funktioniert auch gut mit dem Knethaken der Küchenmaschine). Sollte der Teig zu hart werden, noch etwas *Wasser* zugeben. Den Teig in eine Folie einschlagen und ca. 60 Minuten im Kühlschrank ruhen lassen. > Für die Fülle die *Brötchen* in Scheiben schneiden, einweichen und gut ausdrücken. *Spinat* waschen und putzen, kurz blanchieren und auch gut ausdrücken. Zusammen mit den eingeweichten *Brötchen* durch den Fleischwolf drehen. > Klein geschnittene *Zwiebel* und *Lauch* in *Öl* gut durchdämpfen (nicht braun werden lassen), zuletzt gehackte *Petersilie* kurz mitdämpfen. Die Masse gut abkühlen lassen! > *Hackfleisch, Brät, Eier, Spinat* mit *Brötchen, Zwiebel, Lauch, Petersilie* und *Gewürze* am besten mit den Händen gut durchkneten. > Auf einem großen Backbrett den Nudelteig so dünn wie möglich in ca. 20 cm Breite und 60 cm Länge auswellen. > Die Fülle auf die Hälfte des ausgewellten Streifens des Nudelteigs geben und flach streichen, die Teigränder mit *Eiweiß* bestreichen, dann die andere unbestrichene Teighälfte darüberklappen und die Ränder andrücken. Mit dem Stiel eines Kochlöffels die Maultaschen in Portionen durchdrücken (nicht schneiden). > Die gefüllten Taschen in kochendes, gesalzenes Wasser geben und 12-14 Minuten leicht ziehen lassen. Mit dem Schaumlöffel herausnehmen. > Die fertigen Maultaschen entweder frisch in etwas Fleischbrühe (siehe Seite 67) mit geschmälzten Zwiebeln servieren oder anbraten. In jedem Fall schmeckt am besten Kartoffelsalat (siehe Seite 50) dazu! Oder die Maultaschen abkühlen lassen, in Streifen schneiden und mit 1-2 verquirlten Eiern in der Pfanne ausbacken, dazu grünen Salat servieren.

Kartoffelstriezel

1 kg mehlige *Kartoffeln* (am besten *Kartoffeln*, die schon über den Winter gelagert wurden)
ca. 100–150 g *Mehl*
1 *Ei*
Salz
Muskat
Milch zum Überbacken
Butter

Kartoffelstriezel sind überbackene dicke »Nudeln« aus einem Mehl-Kartoffel-Teig. > *Kartoffeln* im Ganzen weich kochen, schälen und heiß durch die Kartoffelpresse drücken (man kann auch die Spätzlespresse verwenden oder mit dem Hobel fein reiben). > *Ei, Salz* und geriebenen *Muskat* hinzufügen und zu einem Teig verarbeiten, je nach Beschaffenheit des Teiges *Mehl* hinzugeben. > Gut durchkneten und aus dem Teig fingerdicke »Würstchen« formen, diese in eine gebutterte Auflaufform legen. > Im Backofen bei 200 Grad backen, bis sie etwas Farbe angenommen haben, dann die *Milch* darübergießen, sodass der Boden der Auflaufform und die Striezel feucht bedeckt sind. Anschließend nochmals ca. 10 Minuten backen, bis sie Farbe angenommen haben. > Dazu schmeckt wahlweise am besten ein Grüner Salat, Sauerkraut oder süßes Zwetschgenkompott.

Gurkengemüse

4 mittelgroße *Salatgurken*
1 klein geschnittene *Zwiebel*
1 Esslöffel *Butter*
1 Esslöffel *Mehl*
Sauerrahm nach Bedarf
etwas *Fleischbrühe* (siehe Seite 67)
Pfeffer
Salz
Rote Würste vom Metzger nach Bedarf
warmes *Wasser*

Gurken schälen und in dünne Scheiben hobeln, *Zwiebeln* klein schneiden, *Butter* im Topf zergehen lassen. *Zwiebel* glasig dünsten. Achtung: Sie dürfen nicht braun werden. > *Mehl* darüberstreuen und anschwitzen. Hier ebenfalls aufgepasst, dass nichts »anbräunt«. Mit etwas *Wasser* ablöschen und gleichzeitig kräftig rühren, damit keine Klümpchen entstehen (am besten handwarmes *Wasser* verwenden). > Mit *Pfeffer* und *Salz*, nach Bedarf mit etwas *Fleischbrühe* abschmecken. > Die gehobelten *Gurken* zugeben und das Gemüse langsam weich kochen. Ab und zu umrühren, damit nichts am Topfboden hängen bleibt. > Zum Schluss den *Sauerrahm* hinzugeben und nochmals abschmecken. > Die *Rote Wurst* am besten im Topf auf dem fertig gegarten Gemüse langsam erhitzen, damit sie nicht platzt.

Kräuterkäse

125 g *Butter*
1 »Stöpsel« *Kräuterkäse* (gibt's im Kühlregal im Supermarkt)
1 Bund *Schnittlauch*
2 Teelöffel *Quark*

Den *Kräuterkäse*-»Stöpsel« auf dem Küchenhobel fein reiben. > Den geriebenen *Kräuterkäse* zur *Butter* geben, mit einer Gabel zerdrücken, etwas *Quark* unterrühren, damit die Masse geschmeidiger wird. > Den *Schnittlauch* klein schneiden, zu dem *Kräuterkäse* geben und untermischen und dann kühl stellen. > Zum Verzieren den fertigen Käse mit etwas *Schnittlauch* bestreuen. > Schmeckt wunderbar zu einem Vesper und einem Viertele Rotwein.

Luggeleskäse

1 Becher *Hüttenkäse*
1 kleine *Zwiebel*
Kümmel
Salz
Pfeffer
Schnittlauch
Paprikapulver

Luggeleskäse ist ein angemachter Hüttenkäse. »Luggele« wurden früher die frisch geschlüpften Hühner genannt. Sie wurden mit grobkörnigem Quark, der durch geronnene Milch gewonnen wurde, gefüttert. > Die *Zwiebel* in kleine Würfel schneiden, zu dem *Hüttenkäse* geben, mit *Salz* und *Pfeffer* abschmecken. > Den *Schnittlauch* klein schneiden und unter den *Käse* mischen. > Mit *Kümmel* und *Paprikapulver* bestreuen und zum Vesper servieren. > Schmeckt am besten zu frisch gebackenem Brot (siehe Seite 13) oder zu Pellkartoffeln.

Dampfnudeln

400 g *Mehl*
1 Tasse lauwarme *Milch*
½ Teelöffel *Salz*
1 *Ei*
2 Esslöffel zerlassene *Butter*
½ Würfel *Hefe*
2 Teelöffel *Zucker*
Schweineschmalz zum Andämpfen
Milch zum Andämpfen

Zuerst wird ein Vorteig erstellt, dazu müssen alle Zutaten »handwarm« sein. Das *Mehl* in eine Schüssel sieben. ½ Würfel *Hefe* auf das *Mehl* bröckeln, die lauwarme *Milch* hinzugeben. Das *Salz* auf dem *Mehl* »lagern«, die beiden Teelöffel *Zucker* zur Milch-Hefe-Mehl-Masse geben und mit dem Kochlöffel etwas anrühren. Diesen Vorteig ca. 10 Minuten gehen lassen. > Dann das *Ei* zugeben, die Teigmasse mit der Küchenmaschine durchkneten und die zerlassene *Butter* hinzufügen. »Mit der warmen Hand« und etwas *Mehl* nochmals kräftig durchkneten. > Den Teig an einem warmen Ort ca. 1 Stunde gehen lassen, am besten mit einem Tuch abdecken. > Das *Schweineschmalz* in der Pfanne zergehen lassen, einen großen Schluck *Milch* und eine Prise *Salz* zugeben, den Teig löffelweise in die Pfanne geben. > Nun den Deckel auf die Pfanne und bei mittlerer Hitze ca. 15–20 Minuten dämpfen, bis die Dampfnudeln eine knusprige Kruste haben. Den Deckel am Anfang der Garzeit geschlossen halten, sonst fallen die Dampfnudeln in sich zusammen. > Zu Dampfnudeln serviert man eingemachtes Obst (siehe Seite 78), Vanillesoße (siehe Seite 132) oder kalte Milch, die man über die noch warmen Dampfnudeln gibt.

Eingemachtes Obst

3 kg reife *Früchte* (je nach Saison: *Erdbeeren, Brombeeren, Himbeeren, Sauerkirschen, Aprikosen, Pfirsiche, Zwetschgen)*
350 g *Zucker* auf 1 l *Wasser*
(Es werden ein Einkochtopf benötigt sowie ca. 5 Weckgläser von je einem Liter Inhalt.)

Früchte waschen, gut abtropfen lassen und in die sauberen (sehr wichtig, da sonst die *Früchte* schnell anfangen zu schimmeln) Weckgläser füllen. > Den *Zucker* und das *Wasser* vermengen, bis sich der *Zucker* aufgelöst hat. Die *Früchte* mit der Zuckerlösung bis ca. 2 cm unter den Glasrand übergießen, auch hier genau aufpassen, dass die Ränder der Gläser sauber bleiben. > Die Gummiringe und die Deckel auflegen und mit den Einmachklammern festschnallen. Im Einkochtopf bei 90 Grad ca. 30 Minuten einwecken (Angaben auf dem Thermometer beachten!). > Die Gläser im Topf abkühlen lassen und am nächsten Tag die Klammern entfernen. > Eingemachtes Obst schmeckt am besten zu Süßspeisen wie Grießschnitten (siehe Seite 134), Dampfnudeln (siehe Seite 76) oder Waffeln siehe Seite 25).

Quarkstollen

500 g *Mehl*
1 Würfel *Hefe*
250 g *Quark*
200 g *Zucker*
100 g weiche *Butter*
1 *Ei*
100 g gestiftelte *Mandeln*
100 g *Rosinen*
etwas lauwarme *Milch*
Salz
etwas *Mehl* zum Bestäuben des Backblechs
Puderzucker zum Bestäuben

Alle Zutaten müssen lauwarm sein. > Die *Hefe* mit etwas lauwarmer *Milch* zerbröckeln und etwas *Zucker* hinzugeben, diesen Vorteig kurz stehen lassen. > Das *Mehl* mit dem *Quark*, der schaumig gerührten *Butter*, dem restlichen *Zucker*, dem *Ei*, einer Prise *Salz* und dem Vorteig gut durchkneten (entweder mit der Hand oder dem Knethaken der Küchenmaschine). > Die *Rosinen* und die *Mandeln* in den Teig einarbeiten, bis eine glatte Masse entsteht, die sich gut von der Hand oder dem Knethaken lösen lässt. > Den Teig zu einem runden Laib formen, leicht auswellen und übereinanderschlagen, dabei einen schmalen Streifen stehen lassen. Auf das bemehlte Backblech legen (das *Mehl* benötigt man, damit der Stollen nicht die Form verliert). > Ca. 1 Stunde bei 180 Grad backen. Der Stollen ist dann fertig gebacken, wenn man mit einem Holzstäbchen hineinsticht und kein Teig mehr daran kleben bleibt. Kurz vor dem Ende der Backzeit mit *Butter* bestreichen. > Nach dem Abkühlen mit *Puderzucker* bestreuen und kühl lagern.

Träubleskuchen

Für den Teig:
300 g *Mehl*
150 g *Butter*
1 *Ei*
½ Würfel *Hefe*
2 Esslöffel *Zucker*
Salz
lauwarme *Milch*
Fett für die Backform

Für den Belag:
750–1000 g frische oder tiefgefrorene rote
Träuble (Johannisbeeren)
5 *Eier* (davon *Eigelb* und *Eiweiß*)
100 g gemahlene *Mandeln* oder *Walnüsse*
200–250 g *Zucker*
1 Esslöffel *Mondamin*
1 Becher *Sauerrahm*
Semmelbrösel für den Kuchenboden

Für den Teig die lauwarme *Milch* mit *Hefe* anrühren und mit *Butter*, *Ei*, *Zucker* und *Mehl* vermengen, eine Prise *Salz* hinzufügen und zu einem Teig kneten. > Wichtig ist in diesem Fall, den Teig nicht gehen zu lassen, sondern gleich auszuwellen. Dann in einer gefetteten Backform auslegen. > Frische *Träuble* vom Stiel abzupfen, waschen und abtropfen lassen. Bei allen fünf *Eiern Eiweiß* vom *Eigelb* trennen. *Eiweiß* zu Eischnee schlagen. Für den Belag *Zucker*, 5 *Eigelb* und *Sauerrahm* schlagen, dazu den Esslöffel *Mondamin* geben. *Nüsse* oder *Mandeln* und die *Träuble* daruntermischen, zum Schluss den geschlagenen Eischnee vorsichtig unterheben. > Auf den Kuchenboden etwas *Semmelbrösel* streuen (damit der Boden nicht zu feucht wird) und mit dem Belag auffüllen. Bei 190 Grad 40–50 Minuten auf mittlerer Schiene backen.

Efi Reichert

Oberschwaben

»In jedes Saures gehört ein Schuss Rotwein ...«

... und eine Scheibe ungespritzte Zitrone. Das gilt vor allem für Efis Saure Kartoffelrädle und die sauren grünen Bohnen, die sie am liebsten mit eingefrorenen Soßenresten verfeinert.

Efi (Jahrgang 1935) kommt aus Oberschwaben. Gemeinsam mit ihrem Mann und ihren drei Kindern bewirtschaftet sie jahrelang in Unterwaldhausen bei Ravensburg eine Getreidemühle. Das frisch gemahlene Mehl landet stets in Efis Küche und wird zum Testkochen und -backen verwendet. Sie entwickelt sich dadurch zu einer echten Expertin für Mehlspeisen.

Eine ihrer Spezialitäten sind Spätzle in allen Variationen, hierzu gehören auch »grüne Spätzle«, die mit Zwiebelrohr gemacht werden, dem Rohr der Frühlingszwiebeln aus Efis Garten. Bei der Zubereitung wechselt sie, je nach Art, zwischen Spätzlespresse und -hobel oder macht Handgeschabte. Gemeinsam haben wir Gaisburger Marsch gekocht, den es bei Familie Reichert jede Woche gibt. Sohn Otto kommt deshalb immer samstags bei seinen Eltern zum Essen vorbei. Im Sommer isst die Familie gerne unter der Pergola im Garten.

In Efis Küche steht noch ein Spülstein von 1928 aus Terrazzo. Die Milchkanne, mit der sie vor Jahren die frische Milch noch beim Bauern geholt hat, hat ihr Plätzchen in der Küche. Und in den Küchenschränken finden sich noch wunderschöne Steinguttöpfe.

Gaisburger Marsch

2 l *Fleischbrühe* (siehe Seite 67)
ca. 500 g *Siedfleisch* (wenn man kein Siedfleisch verwenden will, kann man auch Saitenwürstchen nehmen)
400 g *festkochende Kartoffeln*
500 g *Spätzle*
1 Bund *Schnittlauch*
nach Bedarf etwas *Maggi* zum Abschmecken
Salz, Pfeffer

Für die Spätzle:
400 g *Mehl* (ergibt ca. 6–8 Portionen)
4 *Eier*
1/4 l *Wasser*
1 Teelöffel *Salz*

Gaisburger Marsch ist ein Eintopfgericht mit Spätzle, Kartoffeln und einer Fleischeinlage. > Die Spätzle zubereiten: *Mehl, Salz, Eier* und *Wasser* mit dem Kochlöffel verrühren und kräftig schlagen, bis der Teig Blasen wirft. Die Spätzle durch die Spätzlespresse ins kochende Salzwasser drücken und danach in kaltem Wasser abschrecken und im Sieb abtropfen lassen. > Das gekochte *Siedfleisch* in ca. 2 cm große Stückchen schneiden. Die *Kartoffeln* in klein geschnittenen Würfeln zur *Fleischbrühe* geben und langsam gar werden lassen, das *Fleisch* ebenfalls hinzufügen. > Nun die fertigen Spätzle hinzugeben und den Eintopf mit *Salz* und *Pfeffer* und eventuell *Maggi* abschmecken. Nochmal kurz erhitzen. > Zum Servieren *Schnittlauch* darüberstreuen.

Dinnete

Für den Teig:
500 g *Mehl*
1/2 Würfel *Hefe*
250 ml *Wasser*
1 Teelöffel *Salz*
(Für den Hefeteig müssen
alle Zutaten handwarm sein.)

Für den Belag:
1 *Zwiebel* oder ein Bund *Frühlingszwiebeln*
2 Becher *Sauerrahm*
1 *Ei*
250 g *Speckwürfel* oder *Grieben*
Kümmel
Fett zum Andünsten

Mit »Dinnete« wird ein extrem dünner und flacher Hefekuchen bezeichnet. Es handelt sich hier um eine Version, die bei Elisabeth Lederer »Zelten« (siehe Seite 69) und bei Erika Eblen »Salzkuchen« (siehe Seite 33) heißt, sie unterscheiden sich jedoch in Form, Dicke, Belag und Teigzubereitung. > Das lauwarme *Wasser* mit dem *Mehl* und den restlichen Zutaten für den Teig kräftig durchkneten, bis eine geschmeidige Masse entsteht. Je nach Konsistenz eventuell noch etwas *Mehl* oder *Wasser* hinzugeben. > Den Teig in eine Schüssel geben und zugedeckt an einem warmen Ort ca. 20 Minuten gehen lassen, bis sich das Volumen fast verdoppelt hat. > Den Teig auf einer bemehlten Unterlage nochmals kräftig durchschlagen und in kleine Stücke teilen, diese nochmals kurz gehen lassen. Anschließend mit der Hand zu einer ovalen Fladenform (Länge ca. 15–20 cm) ziehen oder dünn ausrollen (daher kommt der Begriff Dinnete). > Wer möchte, kann auch den ganzen Teig ausrollen und auf zwei Backbleche verteilen. > Für den Belag das Zwiebelrohr der *Frühlingszwiebel* mit dem *Sauerrahm*, dem *Ei* und den *Speckwürfeln* oder den *Grieben* verrühren (verwendet man *Zwiebel*, wird diese vorher in etwas *Fett* angedünstet und auf den Teig verteilt, erst dann gibt man den Belag drüber). > Den Belag auf die vorbereiteten Dinnete verteilen und mit etwas *Kümmel* bestreuen. Im Backofen bei 250 Grad ca. 15–20 Minuten backen lassen.

Krautspätzle

300 g *Weißkraut*
1 *Zwiebel*
600 g *Mehl*
5 *Eier*
1/4 l *Wasser*
Salz
Butter zum Dämpfen
Kümmel nach Geschmack

Das *Weißkraut* in dünne Scheiben schneiden oder am besten mit einem Krauthobel ganz fein hobeln. > *Butter* in eine Kasserolle geben und die *Zwiebeln* glasig dünsten. Das *Kraut* hinzugeben und bei geschlossenem Deckel dämpfen lassen (es darf nicht braun werden; eventuell etwas *Wasser* zugeben, durch den geschlossenen Deckel sollte sich aber eigentlich genügend »Dämpfwasser« bilden). > Für die Spätzle das *Mehl* mit den *Eiern* und dem *Wasser* zu einem Teig verarbeiten, kräftig mit dem Kochlöffel schlagen und salzen. > Die Teigmasse entweder vom Brett in kochendes Salzwasser schaben oder durch die Spätzlespresse drücken. Die abgekochten Spätzle unter dem Wasserhahn kurz abschrecken und in einem Sieb abtropfen lassen. > *Butter* in einer Pfanne erhitzen und die Spätzle mit dem Kraut goldgelb anbraten und mit *Salz* nochmals abschmecken. Wer mag, kann etwas *Kümmel* dazugeben.

Kässpätzle

600 g *Mehl*
5 *Eier*
1/4 l *Wasser*
Salz
3 mittelgroße *Zwiebeln*
250 g geriebener *Käse* (besonders gut schmeckt ein herzhafter Bergkäse)
Fett zum Anbraten der Zwiebeln

Wichtig vorab: Bei dieser Kässpätzle-Variante dürfen die Spätzle nicht in kaltem Wasser abgeschreckt werden, denn »das tut den Spätzle weh«! > Aus dem *Mehl*, den *Eiern*, *Salz* und dem *Wasser* einen Spätzlesteig zubereiten. Die Masse kräftig schlagen, bis sie Blasen wirft. > Den *Käse* hobeln, die *Zwiebeln* in dünne Ringe schneiden und in *Fett* dünsten, bis sie schön gelb sind. > Den Spätzlesteig mit der Spätzlespresse (oder dem Hobel) ins kochende Salzwasser drücken oder von Hand schaben. Die fertig gegarten Spätzle mit dem Schaumlöffel herausholen und in eine bereitgestellte, ofenfeste, ausgebutterte Form geben, sogleich eine Handvoll *Käse* darüberstreuen. Fortfahren, bis alle Zutaten aufgebraucht sind. > Wichtig: Auf die letzte Schicht Spätzle einen Esslöffel vom Kochwasser geben (dadurch werden sie besonders saftig) und mit *Käse* bestreuen. Die *Zwiebeln* darübergeben und bei Bedarf die Kässpätzle im Ofen nochmals kurz erhitzen. Dazu schmeckt am besten ein Grüner Salat.

Grüne Spätzle

1 Bund *Frühlingszwiebel* (davon das *Zwiebelrohr*)
700 g *Mehl*
6 *Eier*
1/4 l *Wasser*
Salz
Butter zum Dämpfen

Aus dem *Mehl*, den *Eiern* und dem *Wasser* einen Spätzlesteig zubereiten, *Salz* hinzugeben. > Das *Zwiebelrohr* sehr klein schneiden und unter den fertigen Spätzlesteig heben. > Den nun »grünen« Spätzlesteig ins kochende Salzwasser geben, dazu am besten den Spätzleshobel verwenden. Die fertig gegarten Spätzle mit dem Schaumlöffel herausholen und in kaltem Wasser kurz abschrecken. > *Butter* in einer Pfanne erhitzen und die Spätzle darin wenden, dazu schmeckt am besten ein Grüner Salat. Wer mag, kann die Spätzle auch mit einem verquirlten Ei anbraten.

Saure Kartoffelrädle

1 kg *festkochende Kartoffeln*

Für die Soße:
1 *Zwiebel*
2 Esslöffel *Mehl*
3 Esslöffel *Butterschmalz*
½ l *Wasser*
Essig
1 Scheibe ungespritzte *Zitrone*
1 *Lorbeerblatt*
2 *Nelken*
Rotwein
Kräuter aus dem Garten (zum Beispiel *Liebstöckel)*
etwas *Fleischbrühpulver* oder eingefrorene *Soßenreste* zum Abschmecken

Die *Kartoffeln* mit der Schale kochen, bis sie gar sind, und dann schälen. Damit sie in der Soße später nicht zerfallen, die *Kartoffeln* unbedingt kalt werden lassen, erst dann in Scheiben (»Rädle«) schneiden. Die *Zwiebel* klein schneiden. > *Butterschmalz* in einen Topf geben, das *Mehl* hinzugeben und mit einem hölzernen Kochlöffel unter ständigem Rühren braun werden lassen. Die klein geschnittene *Zwiebel* hinzugeben und ebenfalls anbräunen. > Mit *Wasser* ablöschen und mit dem *Lorbeerblatt*, den *Nelken*, klein geschnittenem *Liebstöckel*, einer Scheibe ungespritzter *Zitrone* und einem Schuss *Essig* aufkochen lassen. > Die in »Rädle« geschnittenen *Kartoffeln* hinzugeben und eventuell mit etwas *Fleischbrühepulver* oder den eingefrorenen *Soßenresten* abschmecken. Zum Schluss mit einem guten Schuss *Rotwein* verfeinern (»In jedes Saures gehört ein Schuss Rotwein«). > Dazu schmecken am besten Saiten- oder Knackwürste.

Saure Grüne Bohnen

500 g *Grüne Bohnen*
1 Scheibe geräuchter *Bauchspeck*
1 *Zwiebel*
1 Bund *Bohnenkraut*
1 *Lorbeerblatt*
2 *Nelken*
eine kleine Scheibe ungespritzte *Zitrone*
ein Schuss *Rotwein*
Essig nach Geschmack
etwas *Fleischbrühe* (siehe Seite 67; noch besser ist übrig gebliebene Bratensoße, die man auch eingefrieren kann und dann bei Bedarf verwendet)
Salz
gemahlener *Pfeffer*
2 Esslöffel *Butterschmalz*
Mehl
evtl. etwas *Fett* zum Auslassen des Bauchspecks

Die *Bohnen* putzen und klein schneiden, mit dem *Bohnenkraut* in Salzwasser gar kochen. Das *Wasser* nicht wegschütten, es wird noch für die Einbrenne benötigt. > Den *Bauchspeck* in kleine Würfel schneiden und in etwas *Fett* auslassen. Ist der Speck sehr fett, kann man das *Bratfett* auch weglassen. > Die *Zwiebel* in kleine Würfel schneiden, *Butterschmalz* in einen Topf geben und zerlaufen lassen. Für die Einbrenne das *Mehl* hinzugeben und anbräunen lassen, bis es eine dunkelbraune Farbe hat (Achtung: nicht zu dunkel werden lassen; ist die Einbrenne aber zu hell, schmeckt sie fad). Dann die klein geschnittene *Zwiebel* dazugeben und ebenfalls anbräunen lassen. Mit dem *Bohnenwasser* ablöschen. > Die *Bohnen*, die Scheibe *Zitrone*, das *Lorbeerblatt*, die *Nelken* und den ausgelassenen *Bauchspeck* dazugeben und gut köcheln lassen. > Mit *Essig, Fleischbrühe, Salz* und *Pfeffer* würzen. Einen Schuss *Rotwein* zugeben (»In jedes Saures gehört ein Schuss Rotwein«). > Dazu schmecken am besten Spätzle (siehe Seite 49).

Gefülltes Göckele

1 *Brathähnchen* vom Metzger mit
Innereien für die Fülle
1 Bund *Petersilie*
1 *Zwiebel*
1 *altbackenes Brötchen*
1 *Ei*
Pfeffer
Salz

(Es wird ein Zahnstocher oder
Küchengarn benötigt.)

Für die Marinade:
3–4 Teelöffel *Öl*
Salz
Pfeffer
Paprikapulver

Das *Hähnchen* innen und außen waschen und gut trockentupfen. > Für die Fülle das *altbackene Brötchen* in Wasser einweichen, die *Zwiebel* klein schneiden und mit der klein gehackten *Petersilie* in *Fett* andämpfen. Die *Innereien* klein geschnitten zu der *Zwiebel* und der *Petersilie* geben, alles gut durchbraten. > Das eingeweichte *Brötchen* leicht ausdrücken, mit dem *Ei* zu der Innereien-Masse geben und mit der Hand gut mischen. Mit *Salz* und *Pfeffer* abschmecken und das *Hähnchen* damit füllen, hinten mit einem Zahnstocher oder einem *Faden* verschließen. > Das *Öl* mit *Salz, Pfeffer* und *Paprikapulver* mischen. Das *Hähnchen* mit der Marinade außen einpinseln und in einer großen Kasserolle kräftig anbraten. > Danach im Backofen bei 180 Grad ca. 1½–2 Stunden garen lassen, zwischendurch immer wieder wenden und mit der Öl-Gewürz-Marinade einpinseln.

Mostbraten

1 kg *Rinderbraten* (aus dem Schoß)
Fett zum Anbraten
Tomatenmark

Für die Beize:
1½ l *Most*
1 *Karotte*
1 Stück *Lauch*
1 Stück *Knollensellerie*
1 *Zwiebel*
1 *Apfel*
Saft von ½ *Zitrone*
2–3 *Nelken*
1 *Lorbeerblatt*
Wacholderbeeren
Pfefferkörner
Salz
evtl. etwas *Mondamin* zum Andicken der Soße

Das *Wurzelgemüse (Karotten, Sellerie, Zwiebel* und *Lauch*) putzen und in ca 2 cm große Stücke schneiden. Den *Apfel* schälen und vierteln, das Kerngehäuse entfernen. > Das *Fleisch* mit dem *Gemüse* für die Beize und dem *Apfel* sowie den *Zitronensaft* in einen verschließbaren Topf geben und mit dem *Most* auffüllen. Das *Fleisch* muss von allen Seiten mit Flüssigkeit bedeckt sein. > Die *Gewürze* hinzugeben und ca. 3-4 Tage an einem kühlen Ort ziehen lassen, immer wieder in der Beize wenden. > Wenn es soweit ist, den Braten aus der Beize nehmen und trockentupfen. Das *Gemüse* und die Beize absieben und beiseite stellen. Das *Fleisch* von allen Seiten kräftig anbraten, sodass es eine braune Färbung bekommt. Aus der Pfanne nehmen und das klein geschnittene *Wurzelgemüse* ebenfalls kraftig anbräunen (das ist gut für den Geschmack!), etwas *Tomatenmark* hinzugeben und mit der Beize ablöschen. > Das *Fleisch* wieder in die Pfanne geben und ca. 2-2½ Stunden bei niedriger Temperatur schmoren lassen, bis es gar ist. Es darf nicht zu sehr kochen, sonst wird das *Fleisch* zu trocken. > Für die Soße das *Gemüse* durch das Sieb streichen, mit *Salz* und *Pfeffer* abschmecken und eventuell mit etwas *Mondamin* andicken. > Dazu schmecken am besten Spätzle und Kartoffelsalat und natürlich ein Glas Most!

Efi Reichert > **Seite 97**

Original
RÜHRFIX

Reisbrei

150 g *Reis* (Rundkornreis bzw. Milchreis)
1 l *Milch*
1 Teelöffel *Butter*
2 Teelöffel *Zucker*
Salz

Zum Darüberstreuen:
2 Esslöffel *Zucker*
½ Teelöffel *Zimt*

Die *Milch* mit dem *Zucker*, der *Butter* und der Prise *Salz* zum Kochen bringen und den *Reis* hinzugeben. > Den *Reis* kurz aufkochen, die Herdplatte ausmachen, aber den Topf auf der Platte stehen lassen und bei geschlossenem Deckel den *Reis* gar werden lassen. > Die beiden Esslöffel *Zucker* mit dem *Zimt* mischen und über den angerichteten Reisbrei streuen. > Dazu schmeckt am besten eingemachtes Obst (siehe Seite 78)

Flädle

400 g *Mehl*
½ l *Milch*
5 *Eier*
Salz
Öl zum Ausbacken
Gsälz zum Bestreichen

»Flädle« ist der schwäbische Ausdruck für Pfannkuchen. > Das *Mehl* sieben und mit der *Milch* verrühren, sodass keine Klümpchen entstehen. Die *Eier* und eine Prise *Salz* hinzugeben und so lange mit dem Schneebesen rühren, bis ein glatter Teig entsteht. > Den Teig mindestens 20 Minuten stehen lassen, damit sich alle Zutaten gut miteinander verbinden können. > *Öl* in der Pfanne erhitzen und mit dem Suppenlöffel einen Klecks Teig hineingeben, die Pfanne schwenken, bis der Boden dünn mit Teig bedeckt ist. > Von beiden Seiten goldgelb backen, herausnehmen und warm stellen. So fortfahren, bis der Teig aufgebraucht ist. > Die Flädle mit selbstgemachtem *Gsälz* (zum Beispiel Quittengelee, siehe Seite 41, oder Zwetschgengsälz, siehe Seite 118) bestreichen und einrollen. Wer mag, kann noch etwas Puderzucker darüberstreuen.

Anna Schäflein

Ostwürttemberg/Stuttgart

»Der Apfelkuchen kommt immer gut an ...«

... und zwar bei der ganzen Familie. Für Anna (Jahrgang 1912) ist Apfelkuchen bei jeder Familienfeier obligatorisch. Sogar ihr Mann Aquilin war begeistert, obwohl er kein Liebhaber von süßen Speisen war – das hatte etwas zu heißen. Und auch wir haben uns überzeugen lassen!

Anna, die heute in Stuttgart-Feuerbach lebt, wächst mit acht Geschwistern in Gaxhardt bei Ellwangen auf. Durch ihre Arbeit als Wirtschafterin in der Ärztekantine am Krankenhaus Bad Mergentheim sammelt sie unzählige regionale und überregionale Rezepte. Ihr Nachschlagewerk ist aber das Kochbuch »Erprobte Kochrezepte« der Barmherzigen Schwestern in Untermarchtal. Sie heiratet 1957 den Witwer Aquilin Schäflein, der drei Söhne mit in die Ehe bringt. Anna wird von ihren sechs Enkeln »kleine Oma« genannt, weil sie so zierlich ist.

Die Küche ist bis heute ihr Lebensmittelpunkt. Im Winter ist sie der einzig beheizte Raum in der Wohnung. Hier liest sie, empfängt ihre Gäste, hört Radio und hält auch mal ein Mittagsschläfchen.

Anna Schäflein > **Seite 103**

Nudelsuppe

1–1½ l *Fleischbrühe* (siehe Seite 67)
hiervon *Lauch, Karotten, Siedfleisch*
200 g *Nudeln* (z. B. Muschelnudeln oder übrige Nudeln vom Vortag)
Petersilie oder *Schnittlauch* zum Garnieren

Das gekochte *Suppengemüse* und das *Siedfleisch* klein schneiden, *Nudeln* abkochen. > Die Zutaten zur *Fleischbrühe* geben und nochmals erhitzen. > *Petersilie* oder *Schnittlauch* klein schneiden und die Suppe damit garnieren. > Schmeckt am besten als Vorspeise zu einem süßen Gericht oder mit etwas mehr Nudeln auch als Eintopf.

Linsen und Spätzle

Für die Linsen:
500 g *Linsen*
1 *Zwiebel*
2 Esslöffel *Schweineschmalz*
2 Esslöffel *Mehl*
1 *Lorbeerblatt*
1–2 *Nelken*
2 *Knoblauchzehen*
Zucker
2 Esslöffel *Tomatenmark*
300 g gerauchter *Schweinebauch*
(eine fingerdicke Scheibe)
Senf
Weinessig
Salz
Öl

Spätzle (siehe Seite 49)
Saitenwürstle nach Belieben

Linsen verlesen, waschen und vor dem Kochen ca. 1 Stunde in Wasser einweichen (Packungsbeilage beachten). > *Zwiebel* und *Knoblauch* klein schneiden und in erwärmtem *Öl* hellbraun dämpfen. *Mehl* dazugeben und ebenfalls leicht braun werden lassen, mit dem *Einweichwasser* ablöschen. > *Lorbeerblatt, Nelken, Linsen* und gerauchten *Bauch* zugeben und weich und sämig kochen. > Mit *Zucker, Essig, Salz, Tomatenmark* und etwas *Senf* pikant abschmecken. > Dazu Spätzle, Saitenwürstchen und gerauchten Bauch servieren. Nach Belieben mit Weinessig würzen.

Bubenspitzle

500 g *mehligkochende Kartoffeln* (am besten schon etwas länger gelagert)
125 g *Mehl*
1 *Ei*
Salz
Muskat
Butterschmalz zum Anbraten

Die Bubenspitzle werden auch Schupfnudeln genannt. > *Kartoffeln* mit Schale am Vortag kochen. Die geschälten *Kartoffeln* durch die Kartoffel- oder Spätzlespresse drücken, mit *Mehl, Ei, Salz* und *Muskat* zu einem Teig kneten. > Auf einem bemehlten Brett aus der Teigmasse von Hand fingerdicke und -lange, spitz zulaufende Würstchen formen. > Die Bubenspitzle in ca. 2 Liter kochendes Salzwasser geben, dann nur noch sieden lassen, bis sie an der Oberfläche schwimmen. > Mit einem Schaumlöffel herausnehmen und gut abtropfen lassen. In einer Pfanne mit *Butterschmalz* rundherum goldgelb anbraten. > Dazu schmecken am besten dicke Bohnen oder Sauerkraut.

Tafelspitz

700 g *Ochsenbrust*
1 Bund *Suppengemüse (Karotten, Lauch, Sellerie, Zwiebel, Petersilie)*
Lorbeerblatt
Wacholder
frisch geriebener *Meerrettich* oder *Meerrettich aus dem Glas* (Menge nach Bedarf; wer es schärfer liebt, kann etwas mehr nehmen)

2 Esslöffel *Butter*
2 Esslöffel *Mehl*
Fleischbrühe (vom gekochten Ochsenfleisch)
Salz
Pfeffer

Fleisch im Ganzen mit dem *Suppengemüse* ins kochende Wasser geben, salzen und pfeffern. Mindestens 2 Stunden sieden lassen. Das *Fleisch* darf nicht kochen, sonst wird es hart und trocken. > Für den *Meerrettich*: *Butter* im Topf zergehen lassen, *Mehl* und *Meerrettich* hinzugeben. Unter kräftigem Rühren mit der *Fleischbrühe* ablöschen und mit *Salz* und *Pfeffer* abschmecken. Eventuell noch etwas mit *Meerrettich* nachwürzen. Die Mehlschwitze darf nicht braun werden! > Die *Ochsenbrust* aus der Brühe nehmen und in dünne Scheiben schneiden und mit dem *Meerrettich* anrichten. Dazu passen Salzkartoffeln.

Rinderzunge

1 *Rinderzunge* vom Metzger

Für den Sud:
1 Esslöffel *Essig*
1 *Zwiebel*
Lorbeerblatt
Nelken
2 l *Wasser*
Salz
ganze *Pfefferkörner*

Für die Soße:
Mehl
Butter oder *Margarine*
etwas *Weißwein* nach Geschmack

Die *Zwiebel* mit der *Nelke* spicken und die weiteren Zutaten für den Sud in ca. 2 Liter *Wasser* aufkochen und die gut gesäuberte *Zunge* in das kochende *Wasser* geben. > Dann den Herd zurückschalten und ca. 2½ Stunden bei geschlossenem Topf ziehen lassen. > Das *Fleisch* ist gar, wenn sich die Haut von der *Zunge* lösen lässt. > Für die Soße wird eine Mehlschwitze zubereitet: *Butter* oder *Margarine* im Topf zergehen lassen, *Mehl* zugeben und mit dem Sud ablöschen, dabei kräftig mit dem Schneebesen rühren, damit sich keine Klümpchen bilden. Kurz aufkochen lassen. > Die Soße mit *Salz* und *Pfeffer* abschmecken und nach Geschmack mit etwas *Weißwein* abrunden. > *Zunge* in Scheiben schneiden und mit der Soße anrichten. Dazu schmecken am besten Reis oder Nudeln und Salat.

Gefüllte Kalbsbrust

1 kg *Kalbsbrust* (ergibt ca. 6 Portionen)
2 *Eier*
1 Bund *Petersilie*
1 mittelgroße *Zwiebel*
2 *altbackene Brötchen*
125 ml *Milch*
1 Teelöffel *Salz*
Pfeffer
Muskat
Fett zum Anbraten
(Es wird Küchengarn zum Zunähen benötigt.)

Für die Soße:
1 *Karotte*
1 Stück *Knollensellerie*
1 Stück *Lauch*
1 *Zwiebel*
Fleischbrühe (siehe Seite 67) oder *Wasser* zum Ablöschen
Salz
Pfeffer
je nach Geschmack *Rotwein*
je nach Geschmack *Sahne*

Die *Kalbsbrust* vom Metzger zum Füllen vorbereiten lassen. > *Zwiebel* und *Petersilie* klein schneiden, anschwitzen, die *Brötchen* in kleine Würfel schneiden und mit der warmen *Milch* übergießen und stehen lassen, bis die *Brötchen* durchgeweicht sind, leicht ausdrücken. > Die *Brötchen* mit den *Zwiebeln*, der *Petersilie* und den *Eiern* gut durchmischen und mit *Pfeffer, Salz* und *Muskat* abschmecken. > Die *Kalbsbrust* innen etwas salzen und mit der *Brötchen-Ei*-Masse füllen und gut zunähen (das ist wichtig, damit die Fülle nicht ausläuft), dann die gefüllte *Brust* außen mit *Salz* einreiben. > Das *Fleisch* in heißem *Fett* rundherum kräftig anbraten, bis es eine leichte Bräunung hat, aus dem Bräter nehmen und das *Gemüse* für die Soße ebenfalls kräftig anbraten. Die *Kalbsbrust* wieder hinzugeben und mit etwas *Fleischbrühe* angießen, anschließend das *Fleisch* ca. 2 Stunden im Backofen bei 175 Grad schmoren lassen. Zwischendurch immer wieder mit der entstandenen Bratflüssigkeit übergießen, damit es nicht zu trocken wird. Wenn man mag, kann man jetzt einen Schuss *Rotwein* dazugeben. > Den Bratenfond mit einem Löffel durch ein dünnes Sieb streichen, die Soße abschmecken und je nach Geschmack mit etwas *Sahne* verfeinern. > Dazu schmecken am besten breite Nudeln und ein Salat oder Gemüse.

Rostbraten

4 Scheiben *Entrecôte* vom Rindfleisch, am besten mit etwas Fettrand (ca. 150–200 g pro Person)
4 mittelgroße *Zwiebeln*
Butterschmalz zum Anbraten
Salz
Pfeffer
nach Bedarf ein Schuss *Rotwein*
Wasser zum Ablöschen

Fleisch auf beiden Seiten salzen und pfeffern und in heißem *Butterschmalz* anbraten, bis es, je nach Geschmack, »medium« oder ganz durchgebraten ist. Das *Fleisch* warm stellen. > Die in Scheiben geschnittenen *Zwiebeln* in die Pfanne geben und in dem Fleischsaft mit *Butterschmalz* andünsten, bis sie eine bräunliche Farbe haben. Mit etwas *Wasser* ablöschen und die Soße einköcheln lassen, mit *Salz* und *Pfeffer* abschmecken. Wer mag, kann noch einen Schuss *Rotwein* hinzugeben. > Zum Rostbraten schmecken am besten Bratkartoffeln oder Spätzle und Salat.

Hasenbraten

1 küchenfertiger, in Stücke zerteilter *Hase*
3 mittelgroße *Zwiebeln*
2 *Karotten*
¼ l *Rotwein*
125 g geräuchter *Speck*
3–4 *Wacholderbeeren*
2 *Lorbeerblätter*
3 *Nelken*
200 ml *Sahne*
Salz
Pfeffer
Butterschmalz zum Anbraten

Das *Fleisch* waschen und trockentupfen. Die *Wacholderbeeren* im Mörser zerdrücken und mit *Pfeffer* und *Salz* mischen, damit das *Fleisch* gut einreiben. > Die *Hasenstücke* in einem Bräter mit *Butterschmalz* kräftig anbraten. Die *Zwiebeln* und die *Karotten* klein schneiden, den *Speck* würfeln und zum *Fleisch* geben und mitbraten. Nach kurzer Zeit mit *Wein* ablöschen. *Lorbeerblätter* und *Nelken* hinzugeben und bei geschlossenem Topf ca. 70-80 Minuten schmoren lassen. > Das *Fleisch* aus dem Topf nehmen und warm stellen, die Soße im Sieb abseihen und mit *Sahne* etwas einköcheln lassen, nochmals mit *Salz* und *Pfeffer* abschmecken. > Dazu passen am besten Spätzle, Saison-Gemüse oder ein frischer Salat.

Anna Schäflein > Seite 113

Apfelkuchen

Für den Mürbteig:

100 g *Butter*

80 g *Zucker*

1 *Ei*

240 g *Mehl*

1 Päckchen *Vanillinzucker*

1/2 Teeloffel *Backpulver*

Für den Belag:

1 kg *Äpfel* (Sorte »Boskop«)

4 *Eier* (davon *Eigelb* und *Eiweiß*)

100 g *Zucker*

125 ml *Rahm*

2 Esslöffel *Quark*

etwas *Zitronensaft*

Die Zutaten für den Mürbteig vermengen und durchkneten, auswellen und in eine gefettete Kuchenform geben (ca. 29 cm Springform). > Den Kuchenboden 1 Stunde in den Kühlschrank stellen, währenddessen die *Äpfel* schälen, vierteln, entkernen und in dünne Schnitze schneiden, mit etwas *Zitronensaft* beträufeln. Den Kuchenboden damit belegen. > Die *Eier* aufschlagen, *Eiweiß* und *Eigelb* trennen. Das *Eiweiß* steif schlagen, das *Eigelb* mit dem *Zucker* schaumig rühren, *Quark* hinzufügen und etwas umrühren, flüssigen *Rahm* hinzufügen und wiederum umrühren. > Den Eischnee vorsichtig unterheben und die Masse auf die *Äpfel* und den Kuchenboden verteilen. > Bei 180 Grad etwa 1 Stunde backen, vor dem Aufschneiden etwas abkühlen lassen. Schmeckt lauwarm am aller besten, natürlich mit frisch geschlagener Sahne!

ZUCKER

Butter-S

300 g *Mehl*
150 g *Butter*
80 g *Zucker*
3 *Eier* (davon 3 *Eigelb*, 1 *Eiweiß*)
ungespritzte *Zitrone*
Salz
Hagelzucker

Butter-S ist ein klassisches schwäbisches Weihnachtsgebäck. > *Eigelb* vom *Eiweiß* trennen. Das *Mehl*, das *Eigelb* und den *Zucker* auf ein Backbrett geben. Die kalte *Butter* in kleine Stücke schneiden (ca. 2 cm) und von einer gewaschenen, ungespritzten *Zitrone* etwas von der Schale abreiben. Alle Zutaten und eine Prise *Salz* zu einem Teig vermengen und durchkneten. > Den Teig zu einer Kugel formen und ca. 30 Minuten im Kühlschrank kalt stellen. > Dann den Teig fingerdick ausrollen und ca. 10 cm lange »Würste« schneiden, aus diesen Stückchen ein S formen. > Das *Eiweiß* leicht schlagen und die Oberfläche der Butter-S damit bestreichen und vorsichtig in *Hagelzucker* drücken. > Ein Backblech mit Backpapier auslegen und das Gebäck darauf verteilen und nochmals kalt stellen. Anschließend bei ca. 200 Grad ca. 10-12 Minuten hellgelb backen.

Rumtopf

1 Flasche hochprozentigen *Rum* (z. B. 80-prozentigen Stroh Rum)
Zucker (Menge entsprechend der Früchtemenge
im Verhältnis 1 : 1)
Früchte je nach Saison: *Erdbeeren, Brombeeren, Himbeeren, Sauerkirschen, Aprikosen, Pfirsiche, Zwetschgen*
(Es wird ein gut verschließbarer Keramiktopf benötigt.)

Bis ein Rumtopf fertig ist, kann es mehrere Monate dauern. Es werden jeweils immer die *Saison-Früchte* hinzugegeben: Im Frühjahr beginnt man mit den *Erdbeeren* und im Herbst endet die Zubereitung mit den *Zwetschgen.* > *Rum* in den Topf geben, abgewogen genauso viel *Zucker* wie *Früchte* einrühren. Gut umrühren, bis sich der *Zucker* aufgelöst hat. Gegebenenfalls weiteren *Rum* zufügen. Die *Früchte* müssen mit Flüssigkeit bedeckt sein, da es sonst zu schimmeln beginnt. > Zugedeckt an einem kühlen und dunklen Ort aufbewahren. > Wenn *Früchte* nachgelegt werden, stets entsprechende Menge *Zucker* hinzufügen. > Nachdem die letzen *Früchte* nach vier Wochen gut durchgezogen sind, schmeckt der Rumtopf am besten und eignet sich als ideale Beilage zu Eis, Quarkspeisen und anderen Desserts.

Zwetschgengsälz

1 kg *Zwetschgen*
300 g *Zucker*
1 Esslöffel guten *Rotweinessig*
1 *Zimtstange*
(Es werden Marmeladengläser mit Schraubverschluss benötigt.)

»Gsälz« ist der schwäbische Ausdruck für Marmelade. > Die frischen *Zwetschgen* halbieren, entsteinen und zuckern. Mit dem *Essig* vermengen und die gezuckerten *Früchte* über Nacht im Topf ruhen lassen. > Am nächsten Tag die *Zimtstange* hinzugeben und aufkochen lassen. > Die *Zwetschgen* nun ca. 3 Stunden auf dem Herd schwach köcheln lassen und, sehr wichtig, nicht mehr umrühren, da sonst die Masse anbrennt. > Die frisch gekochte Marmelade in saubere Gläser füllen und fest verschließen.

Ruth Schmid

Stuttgart

»Ob es Pfitzauf oder Pfitzab gibt, sieht man dann ...«

... wenn der Teig in der Form aufgeht oder in sich zusammenfällt. Ruth (Jahrgang 1929) lebt seit ihrer Kindheit in Stuttgart. Sie zieht hier zwei Töchter groß.

Bei Familie Schmid gibt es ähnlich wie bei Familie Eblen nach Wochentagen unterschieden feste Speisenfolgen für das Mittagessen: Freitags ist ein süßes Gericht fix, da freut sich ihr Mann Siegfried dann schon die ganze Woche darauf. Besonders haben es ihm die Kartäuserklöße mit Vanillesoße angetan. Das ist eine süße Spezialität von Ruth, die wir gemeinsam zubereitet haben. Bei Ruth liegt unser »süßer« Schwerpunkt im Kochbuch.

Aber zurück zur Reihenfolge: Den Fisch gibt's bei Schmids donnerstags, Montag und Mittwoch sind Reste-Tage, dienstags ist der Gemüsetag, samstags gibt es einen Eintopf und am Sonntag ist der Rinder- oder Schweinbraten mit Spätzle an der Reihe.

Ihre Tochter Gisela liebt besonders den Butterkuchen ihrer Mutter, sie wird ab und zu mit einem frischen Laib versorgt. Gerne versammelt sich die ganze Familie am Wochenende im Wohnzimmer am großen Tisch zum gemeinsamen Essen.

Geröstete Grießsuppe

1 l *Fleischbrühe* (siehe Seite 67)
4 Esslöffel *Grieß*
Butter
1 *Ei*
1 Bund *Schnittlauch*

Die *Butter* in einem Topf erhitzen und schmelzen lassen, den *Grieß* hinzugeben und unter ständigem Rühren leicht anrösten. > Mit der *Brühe* ablöschen. Das *Ei* verquirlen und in die heiße Suppe einlaufen lassen. > Zum Servieren den klein geschnittenen *Schnittlauch* hinzugeben.

Zwiebelfleisch
(Jaköblesbraten)

700 g *Siedfleisch*
5 mittelgroße *Zwiebeln*
Tomatenmark
Öl zum Anbraten
Pfeffer
Salz
evtl. etwas *Mehl* zum Andicken der Soße
evtl. etwas *Fleischbrühe* (siehe Seite 67) zum Abschmecken
Wasser zum Ablöschen

Das gekochte *Siedfleisch* in Scheiben schneiden und anbraten. > Die *Zwiebeln* in dünne Ringe schneiden und zum *Siedfleisch* geben. *Zwiebeln* braun werden lassen, etwas *Tomatenmark* hinzugeben und mit *Wasser* ablöschen. > Mit *Salz* und *Pfeffer* und eventuell etwas *Fleischbrühe* abschmecken. Ist die Soße zu dünn, mit etwas *Mehl* bestäuben und andicken. > Dazu passen am besten Salzkartoffeln und zum Beispiel ein Rote-Rüben-Salat (siehe rechte Spalte).

Rote-Rüben-Salat

500 g *Rote Rüben*

Für die Marinade:
1 *Zwiebel*
1/4 l *Wasser*
3 Esslöffel *Essig*
2 Esslöffel *Öl*
1 *Lorbeerblatt*
2 *Nelken*
etwa 7 *Pfefferkörner*
etwa ein Teelöffel *Salz*
etwa 1/2 Teelöffel *Zucker*

Wasser, Essig, Öl, Lorbeerblatt, Nelken, Pfefferkörner, Zucker und *Salz* vermengen. > Die *Rote Rüben* im Ganzen gar kochen, danach schälen und in dünne Scheiben hobeln. Die *Zwiebel* ebenfalls in dünne Scheiben schneiden. > Die Marinade noch über die warmen *Roten Rüben* geben, mit den *Zwiebeln* vermischen und im Kühlschrank durchziehen lassen. > Zum Anrichten nochmals mit *Essig, Salz* und *Pfeffer* abschmecken. Der Salat schmeckt am besten zum Vesper oder zum Beispiel zum Zwiebelfleisch (siehe linke Spalte).

Eingemachtes Kalbfleisch

800 g *Kalbfleisch* aus der Schulter
1 Bund *Suppengemüse (Karotte, Knollensellerie, Lauch, Zwiebel, Petersilie)*
Lorbeerblatt
2–3 *Nelken*
Pfefferkörner
Salz
3/4 l *Wasser*

Für die Soße:
etwas *Butter* und *Mehl* zum Binden
Kalbssud
klein geschnittene *Karotte* vom *Kalbssud*
150 g geschälte *Erbsen* (oder Tiefkühl-Erbsen)
Muskat
etwas *Zitronensaft*

Das *Kalbfleisch* waschen und in ca. 4 cm große Würfel schneiden. > Die *Karotte*, den *Sellerie*, die *Zwiebel, Petersilie* und das Stück *Lauch* in ca. 3/4 Liter *Wasser* geben und mit *Lorbeer, Nelken, Pfefferkörner* und *Salz* aufkochen. > Das *Fleisch* hinzugeben und ca. 30 Minuten ziehen lassen, nicht kochen, damit das *Fleisch* nicht trocken wird. Den *Sud* abgießen und auffangen. > Für die Soße wird mit der *Butter* und dem *Mehl* eine Einbrenne gemacht. Dazu in der Pfanne die *Butter* zergehen lassen, etwas *Mehl* hinzugeben und verrühren. Den noch warmen *Kalbssud* hinzugeben und mit dem Schneebesen kräftig rühren, damit keine Klümpchen entstehen. > Die Soße mit *Muskat, Salz* und *Pfeffer* abschmecken und die klein geschnittenen *Karotten* sowie die *Erbsen* mit dem *Fleisch* hinzugeben und nochmals erwärmen. Mit einem Spritzer *Zitrone* abschmecken. > Dazu schmecken am besten breite Nudeln.

Kartäuserklöße

8 *altbackene Brötchen*, davon *Semmelbrösel*
(ergibt ca. 6 Portionen)
6 *Eier*
6 gehäufte Esslöffel *Zucker*
Zimt
3/4 l *Milch*
Butterschmalz zum Ausbacken

Kartäuserklöße sind eine schwäbische Süßspeise. > Mit einer Reibe die trockene Rinde der *Brötchen* rundherum abreiben. Die *Brötchen* halbieren, die entstandenen *Semmelbrösel* beiseitestellen. > Die abgeriebenen *Brötchen* in einer großen Auflaufform mit der Schnittfläche nach oben schichten. > *Eier, Milch* und *Zucker* verquirlen und alles über die *Brötchen* gießen. Mindestens 1 Stunde einweichen lassen, die *Brötchen* dabei fest andrücken, eventuell mit einem Teller beschweren, damit sie die Flüssigkeit durch und durch aufsaugen. > Die eingeweichten *Brötchen* dann zu kleinen Kugeln formen und von allen Seiten in den *Semmelbröseln* wenden. In *Butterschmalz* goldgelb ausbacken und in *Zucker* und *Zimt* wenden. > Dazu schmeckt am besten *Vanillesoße* (siehe Seite 132).

Vanillesoße

1 l *Vollmilch*

1 *Vanilleschote*

5 Esslöffel *Zucker*

1 ½ Esslöffel *Mondamin*

2 *Eier* (davon 2 *Eigelb*)

Eiweiß und *Eigelb* trennen. Die *Vanilleschote* längs aufschneiden. Das Vanillemark mit dem Messer aus der Schote kratzen, mit etwas *Milch*, dem *Zucker*, den beiden *Eigelb* und dem *Mondamin* verrühren. > Die restliche *Milch* zum Kochen bringen (Tipp: Die ausgekratzte Schote ebenfalls hinzugeben, das bringt noch mehr Vanillearoma). Sobald die *Milch* kocht, vom Herd nehmen. Die Vanille-Masse mit dem Schneebesen langsam einrühren, sodass keine Klümpchen entstehen. > Den Topf wieder auf die heiße Herdplatte ziehen und die Vanillesoße unter ständigem Rühren mindestens eine Minute kochen lassen. (Tipp: Um auf der abgekühlten Vanillesoße die unschöne »Haut« zu verhindern, die heiße Soße mit etwas *Zucker* bestreuen.) Das übrig gebliebene *Eiweiß* zu Eischnee schlagen und vor dem Anrichten unterziehen. > Die Vanillesoße schmeckt am besten mit Karthäuserklößen (siehe Seite 130) und Dampfnudeln (siehe Seite 76).

Pfitzauf

Für den Teig:

250 g *Mehl*

4 *Eier*

½ l *Milch*

50 g *Zucker*

50 g zerlassene *Butter*

Salz

etwas *Butter* zum Ausfetten der Förmchen

Puderzucker nach Bedarf

(Man benötigt Pfitzauf-Förmchen, kann sich aber auch mit hitzebeständigen Kaffeetassen behelfen.)

Unter Pfitzauf versteht man eine Art Soufflé, das in speziellen Formen gebacken wird. > Für den Teig alle Zutaten außer die *Butter* kräftig verrühren, sodass keine Klümpchen entstehen und der Teig schön luftig ist. Zuletzt wird die zerlassene *Butter* untergerührt. > Die Förmchen oder die Kaffeetassen mit *Butter* bestreichen und den Teig zur Hälfte hineinfüllen. Im Backofen bei 200 Grad ca. 30–40 Minuten backen. Der Teig muss in den Förmchen schön aufgehen (»aufpfitzen«), er sollte sein Volumen mindestens verdoppeln. Achtung: Die Tür des Backofens darf in dieser Zeit nicht geöffnet werden, da der Pfitzauf sonst in sich zusammenfällt. Dann gibt's nämlich Pfitzab! > Nach dem Backen mit *Puderzucker* bestreuen und schnell servieren, dazu schmeckt am besten Vanillesoße (siehe linke Seite) oder eingemachtes Obst (siehe Seite 78).

Grießschnitten

250 g *Grieß*
1 l *Milch*
100 g *Butter* oder *Margarine*
2 Esslöffel *Zucker*
Salz
4 *Eier* (davon *Eigelb* und *Eiweiß*)
etwas abgeriebene, ungespritzte *Zitronenschale*
oder *Zitroback*
Semmelbrösel
Fett zum Ausbacken
Zucker und *Zimt* zum Bestreuen

Eigelb vom *Eiweiß* trennen. *Milch, Butter* (oder *Margarine*), *Zucker*, eine Prise *Salz* und etwas abgeriebene *Zitronenschale* aufkochen. *Grieß* einstreuen und zu einem dicken Brei kochen, etwas abkühlen lassen und das *Eigelb* unterrühren. > Die heiße Masse mit einem Messer etwa fingerdick auf ein befeuchtetes Backbrett streichen und abkühlen lassen. > Die Grießmasse nun mit einem Messer oder einem Teigrädchen in rautenförmige Stücke schneiden. > Die Schnitten in das verquirlte *Eiweiß* eintauchen und anschließend in *Semmelbrösel* wenden, in *Fett* ausbacken und mit *Zucker* und *Zimt* bestreuen. > Dazu schmeckt am besten eingemachtes Obst (siehe Seite 78) oder Apfelmus (siehe Seite 61).

Butterkuchen

375 ml *Milch*
125 g *Margarine*
1 Würfel *Hefe*
750 g *Mehl*
1 Ei (davon *Eigelb* zum Bestreichen)
1 ½ Teelöffel *Salz*
(Es wird eine runde oder kastenförmige Kuchenform benötigt.)

Da es sich um einen Hefeteig handelt, müssen alle Zutaten handwarm sein. > Die *Milch* in einem Topf erwärmen, bis sie lauwarm ist. Die *Margarine* hinzugeben und in der *Milch* zerlaufen lassen, die *Hefe* in die Flüssigkeit hineinbröseln. > Das *Mehl* in eine Teigschüssel sieben. Einen Teil des gesiebten *Mehls* zu der Flüssigkeit hinzugeben und mit dem Knethaken der Küchenmaschine kurz durchkneten lassen, dann den Rest des *Mehls* und das *Salz* hinzufügen. > Den Teig so lange kneten, bis er sich leicht vom Haken lösen lässt, zu einer Kugel formen und in der Teigschüssel an einem warmen Ort zugedeckt ca. ½ Stunde gehen lassen. > Danach den Teig mit der Hand kurz durchkneten, in eine runde oder in eine Kasten-Form geben und nochmals ca. 10 Minuten gehen lassen. > Bevor der Butterkuchen in den

Backofen kommt, mit dem Messer oben ein Muster einschneiden (»damit er ein Gesicht bekommt«) und mit *Eigelb* bestreichen.

> Im Ofen bei 200 Grad ca. 35–45 Minuten backen lassen, bis er eine goldgelbe Farbe hat. Schmeckt am besten frisch gebacken mit Butter und Quittengelee (siehe Seite 41) oder Zwetschgengsälz (siehe Seite 118) und etwas Quark obendrauf.

Flachswickel

knappe 500 g *Mehl*
250 g *Butter*
3 *Eier* (davon 1 *Eigelb* zum Bestreichen)
Salz
1 Würfel *Hefe*
4 Esslöffel warme *Milch*
2 Päckchen *Vanillezucker*
Zucker und *Zimt* oder *Hagelzucker* zum darin Wenden

Flachswickel ist ein leichtes schwäbisches Hefegebäck. > *Hefe* in warmer *Milch* auflösen. Mit *Salz, Mehl, Vanillezucker, Butter,* 2 *Eiern* in der Küchenmaschine mit dem Knethaken oder auf dem Backbrett mit der Hand durchkneten. > Teig sollte sich von der Schüssel lösen, aber nicht zu fest sein. Nun den Teig sofort weiterverarbeiten, sonst bricht er später beim Formen der Wickel. > Fingerdicke, etwa 15–20 cm lange Stränge formen, zu kleinen Wickel drehen, das heißt die Stränge zur Hälfte übereinanderschlagen und die Enden umeinander schlingen. Dann mit *Eigelb* bestreichen und in *Zucker* und *Zimt* oder in *Hagelzucker* wenden. > Nochmals kurz gehen lassen, dann im vorgeheizten Backofen bei 150 Grad hellbraun backen.

Hefezopf

Für den Teig:
1 kg *Mehl*
¼ l lauwarme *Milch*
1 Würfel *Hefe*
120 g *Butter*
100 g *Zucker*
3 *Eier*
1 Teelöffel *Salz*
evtl. eine Handvoll *Rosinen*

Für die Verzierung:
1 *Ei* (davon *Eigelb*)
Mandelstifte
Hagelzucker

Alle Zutaten für den Teig müssen Zimmertemperatur haben. > Das *Mehl* in eine Teigschüssel sieben und mit dem Kochlöffel eine Kuhle formen, dahinein die zerbröckelte *Hefe* mit der lauwarmen *Milch* (wichtig: nicht zu heiß!) geben (das ist ein sogenannter Vorteig) und leicht verrühren, ohne die Kuhle zu beschädigen. Etwa 15 Minuten zugedeckt stehen lassen. > Geschmolzene *Butter* (Vorsicht: Sie darf ebenfalls nicht zu heiß sein), *Salz, Zucker* und *Eier* mit dem Kochlöffel gut verrühren und in das *Mehl* und den Vorteig einarbeiten, mit dem Knethaken der Küchenmaschine so lange kneten lassen, bis ein geschmeidiger Teig entsteht, der sich leicht vom Schüsselrand löst (Tipp: Wer mag, kann *Rosinen* zugeben, diese aber vorher in *Mehl* wenden, dann verteilen sie sich besser im Teig). > Den Teig zu einer Kugel formen und in eine bemehlte Schüssel geben, zugedeckt an einem warmen Ort ca. 30–45 Minuten gehen lassen. > Den Teig auf dem Backbrett nochmals mit der Hand durchkneten und in drei gleichgroße Stücke teilen, diese in gleichlange Stränge ausrollen oder mit der Hand ziehen. > Nebeneinander auf die Arbeitsfläche legen und von der Mitte ausgehend einen Zopf flechten. > Mit dem verquirlten *Eigelb* bestreichen und mit *Hagelzucker* und *Mandelstiften* verzieren. Bei 200 Grad etwa 40 Minuten backen.

Register

Herzlichen Dank!

Unser Dank gilt vor allem unseren sieben Hauptdarstellerinnen: Marianne Drössel, Erika Eblen, Gertrud Haberer, Elisabeth Lederer, Efi Reichert, Anna Schäflein, Ruth Schmid.

Und: Familie Anker, Peter Beutel, Familie Böckle, Thomas und Roland Eblen, Melly und Ewald Günther, Birgit Haasen, Familie Haberer, Familie Lederer, Ramirez Makki, Irmgard Merx, Familie Reichert, Familie Riedinger, Familie Schäflein, Renate Schäflein, Siegfried Schmid.

1. Auflage 2008

Alle Fotos: Katrin und Ralph Schäflein, Stuttgart.
Layout und Satz: Iris Merkle, Stuttgart, www.fingerglueck.de
Scans: Martin Lober, Karlsruhe, www.lobers.com
Druck: Offsetdruckerei Karl Grammlich GmbH, Pliezhausen.
Printed in Germany.

ISBN 978-3-87407-791-0